Ramadahn

Segen der Liebe

Ramadahn

Segen der Liebe

Vermittelt durch
Ursula Roberts

Übersetzt, bearbeitet und zusammengestellt von
Elisabeth Ausberg

SPHINX
Weisheit

Die Deutsche Bibliothek – CIP-Einheitsaufnahme
Roberts, Ursula:
Segen der Liebe / Ramadahn. Vermittelt durch
Ursula Roberts.
Übers., bearb. und zsgest. von Elisabeth Ausberg. –
München : Hugendubel, 1996
(Sphinx Weisheit)
ISBN 3-89631-160-3
NE: Ramadahn; Ausberg, Elisabeth [Bearb.]

SPHINX Weisheit

1. Auflage im Heinrich Hugendubel Verlag 1996
Die erste Auflage erschien 1989 im Param Verlag,
Clausthal-Zellerfeld.

Lektorat: Barbara Imgrund, München
Umschlaggestaltung: Zembsch' Werkstatt, München
Produktion: Tillmann Roeder, München
Satz: SatzTeam Berger, Ellenberg
Druck und Bindung: Huber, Dießen
Printed in Germany

ISBN 3-89631-160-3

O Geist der Liebe und des Friedens
Schöpfer von allem, das ist

Zu dir
kommen wir in diesem stillen Augenblick
und beten
daß diese Lieben sich
auf dein großes Liebesherz
einstimmen mögen
das im Zentrum des großen Universums aus
lebendigem Licht
schlägt so daß sie erkennen daß du
der Geist des Lebens und
der Liebe
bist der alles mit Energiewellen durchpulst
daß du der große Gottesgeist bist
den deine Kinder im geheimen
und im Schweigen
anbeten

Einführung

Ursula Roberts über ihre Begegnung mit Ramadahn: Ich glaube, daß ihr gern etwas über den geistigen Lehrer wissen möchtet, den wir *Ramadahn* nennen. Er ist ein hoher Geist, der sehr wenig Information über sein persönliches Leben auf Erden gibt. Er sagt nur, daß er ein Prinz in Ägypten war und seine Leute in den Krieg geführt hat, in welchem er durch einen Schlag auf den Kopf getötet wurde. Da er weiß, daß Krieg etwas Falsches ist, hat er ein sehr empfindliches Gewissen gegenüber Menschen behalten, die durch Kriegseinwirkungen leiden. Er hat das Gefühl, daß sein falsches Handeln durch richtiges Handeln aufgewogen werden muß. So hat er den Weg gewählt, durch sein Medium zu lehren und zu heilen – in dem Bemühen, die Menschen zu lehren, wie man friedlich miteinander leben kann. Er kommt auch, um die mächtige Kraft der Heilung und des Friedens freizusetzen, die viele Menschen fühlen, wenn sie seinen Worten lauschen, während er mich in Trance hält.

Es war im Jahre 1937. Ich bewohnte das Dachgeschoß in einem geräumigen Haus. Ich war der einzige Mensch, der im oberen Stockwerk wohnte. Darum bekam ich Angst, als ich sah, daß sich in der dunkelsten Ecke des Zimmers ein glänzender, großer Strahlenring unerwartet bildete. Ich starrte darauf und blickte mich um, um herauszufinden, was er reflektierte. Die Fenstergardinen waren zugezogen, die Tür war geschlossen, der Spiegel war dunkel. Es gab keine Erklärung für das große, glühende Licht, das die dunkelste Ecke erfüllte. Darum flüsterte ich, so wie man es mich in dem Kreise, in dem ich Trancemedium war, gelehrt hatte: »Wer bist du? Was bist du? Was willst du?«

Eine Tonschwingung kam aus dem Zentrum des Lichtkreises; ich hörte eine Folge kurzer, schneller Töne, etwa wie ›Ah-mah-daa‹. Dann verschwand das Licht. Einen Augenblick war es noch da, dann war es verschwunden; und das irgendwie nervöse, junge Medium, das ich war, zog die Decke über den Kopf und schlief ein. Drei Wochen später sah ich eine ähnliche Erscheinung in derselben Ecke. Aber anstatt als großer Kreis zu erscheinen, hatte die Manifestation eine ovale Form aus blendendem Licht mit einem undefinierbaren Etwas im Zentrum. Meine Freunde meinten, daß es eine hohe Wesenheit sei, die langsam ihre Schwingungen herabsetze, um diese Welt zu erreichen. Nach ein paar Wochen erschien der Lichtkreis wieder, und die gleiche Tonschwingung kam aus dem Zentrum des vibrierenden Strahlenringes. Aber diesmal wurde der Ring allmählich kleiner und wurde von der Figur eines Mannes aufgesogen.

Er war mit einer schneeweißen Robe bekleidet, und er sah mich mit Augen an, die mit uralter Weisheit und mit Barmherzigkeit zu leuchten schienen. Er hob seine Hand hoch, als ob er mich segnen wollte; dann verschwand er vor meinen Augen, und das Zimmer war danach mit einer unbeschreiblichen Atmosphäre der Majestät und des Friedens aufgeladen.

In derselben Woche versetzte er mich in dem Kreis, in dem ich schon oft in Trance gesprochen hatte, in Trance und begann, die Mitglieder unseres kleinen Kreises etwas von seiner tiefen geistigen Weisheit zu lehren. Sie verstanden seinen Namen – *Yamadah* – nicht, und man nannte ihn mit dem leicht auszusprechenden Namen *Ramadaha,* der von Freunden mit der Zeit in *Ramadahn* umgeändert wurde.

Ursula Roberts über sich selbst: Ich bin eine schlichte Frau, die versucht, still und bescheiden zu leben. Ich habe viele Schmerzen und viel Kummer im Leben erfahren; aber ich habe immer versucht, jede Erfahrung mit dem Gedanken zu betrachten: Was kann ich daraus lernen? Diese Einstellung hat mir geholfen, denn ich war überzeugt, daß *Ramadahn* und der ›Schöpfer der Tage und Nächte‹ möchten, daß ich so leben soll.

Ursula Roberts über *Ramadahns* Bild: Das Bild wurde von Cedric Bagnall gemalt, dessen psychische Portraits heute noch die Wohnungen älterer

Spiritualisten schmücken. Es ist klar, daß die geistige Wesenheit es nicht selbst gemalt hat, obgleich es wahr ist zu sagen, daß sie es gutheißt, weil Cedric erzählt, daß ihm das Geistwesen erschienen war und sich in drei verschiedenen Haltungen zeigte; schließlich verharrte es in der linken Profilhaltung, in der das Portrait in herrlichen Pastellfarben vollendet wurde. Ein großer, strahlender Diamant in rosa Farbe war in die Krone eingefügt. Diese Haltung war für mich ein überzeugender Beweis; denn als ich meine Mediumschaft entwickelte, ging ich durch eine Phase, während der ich inspiriert wurde, Bilder zu zeichnen. Eines der Bilder zeigte das geistige Wesen, das mich am häufigsten in Trance versetzte. Es war mein geistiger Führer, der später unter dem Namen *Ramadahn* bekannt wurde. Das Bild war dem von Cedric Bagnall ziemlich ähnlich; die Gesichtszüge und der Bart sind beinahe identisch mit dem älteren Portrait. Der Kopfschmuck fehlte auf dem ziemlich primitiven Portrait, das ich gemalt hatte; es zeigte einen reich verzierten Mantel, der mit einer herrlichen, mit Edelsteinen besetzten Schnalle geschlossen war. Leider verlieh ich es an eine Person, die es mir nicht zurückgegeben hat; sie starb bald nach den ersten Kriegstagen. Einige Jahre lang führte ich ein geschäftiges und sehr interessantes Leben und vergaß das Bild, als eine Freundin mich plötzlich fragte, ob sie ein Bild bekommen könnte; weil *Ramadahn* ihr ein wahrer Freund geworden war.

»Ich will versuchen, ob ich ein Portrait bekommen kann«, sagte ich. Ein kurzer Blitz in der Ecke des Raumes gab mir an, daß die Absicht von der geistigen Seite ›notiert‹ worden war, und augenscheinlich hatte *Ramadahn* seine Zustimmung gegeben.

In derselben Woche ging ich zu dem alten SAGB-Haus in Russel Square und traf dort einen vollkommen Unbekannten, der mich mit einer Bleistiftskizze von *Ramadahn* erwartete und mich fragte, ob ich die geistigen Gesichtszüge erkenne. »Ich versuche herauszufinden, ob diese Bilder, die ich im hellsichtigen Zustande gezeichnet habe, irgendeine Bedeutung haben«, sagte der Unbekannte. Ich versicherte ihm, daß es ein sehr gutes, beweiskräftiges Bild sei. Später übergab Cedric mir ein wunderschönes Bild, das ich noch heute als Schatz besitze.

Ramadahn über das Strahlenkreuz: Wenn der Mensch aufrecht auf seinen Füßen steht, aufrecht in seiner geistigen Statur – mit ausgestreckten Armen –, ist er das Kreuz inmitten des Zentrums des ewig fließenden Kreises der Ewigkeit.

Möge das Kreuz scheinen und glühen inmitten des ewig fließenden Kreises des ewigen Lebens, des ewigen Lichtes, der ewigen Liebe, der ewig fließenden schöpferischen Schönheit. So wie das Kreuz, das der Mensch ist, dort scheint, so möge er durch seine Hände Heilung und durch seine Füße Heilung und durch seine Augen Heilung und Segen austeilen. Denn diejenigen, die den Segen erhalten, gehören dir, o du großer Geber aller Gaben, und wir bringen ihnen das Symbol des Friedens, des vollkommenen Friedens, jetzt und hier, damit er für immer bei ihnen bleibe.

Die rosa Strahlen der Liebe

Meine lieben Freunde, ich bin gekommen, um etwas von der Macht und Schönheit des Geistes in der Sille dieses Raumes freizusetzen, denn ich bringe euch die rosa Strahlen himmlischer Liebe und die kraftspendenden Strahlen, in der geistigen Welt erschaffen und freigesetzt. Dieses ist gewiß das, was jeder braucht, während er seinen Weg durch die vielen Schwierigkeiten des irdischen Lebens geht. Denn fühlt ihr euch nicht oft im Herzen kalt und einsam und wie die eisige Kälte nicht nur in den Körper eindringt, sondern auch in das Innerste der Seele und in die innersten Winkel des Herzens? Dieses Gefühl kommt nicht nur von der Temperatur in eurem Land, sondern weil ihr den Mangel an rosa Strahlen der Liebe spürt. Die Gegenwart der rosa Strahlen der Liebe ermöglicht es euch, die Winterkälte ohne Unbehagen und oft ohne Schaden zu ertragen.

Ist es nicht wahr, daß immer wieder Liebende zusammen in der Eiseskälte der Winterwinde spazierengehen und an eisigen Plätzen zusammensitzen und die Winterkälte keine Wirkung auf ihren Körper auszuüben scheint, da sie durch das Wechselspiel der Strahlen, der rosa Strahlen der Liebe, die vom Herzen und von der Aura ausströmen, vom Geist her bis in den Körper hinein erwärmt werden? Ich versichere euch: Die rosa Strahlen der erwärmenden Liebe und sanften Zuneigung führen Herz und

Seele, ja das innerste Wesen von Mensch, Tier und jeglichem Lebewesen zu Gesundheit, Freude und Wärme.

Wenn ich euch so durch die Überträgerin meiner Gedanken anblicke, scheint es mir, daß einige von euch im innersten Wesen frieren, weil in ihrem Leben die Wärme der Zuneigung fehlt. Einige haben sich von denen, die sie lieben, getrennt, oder die, die euch am nächsten sein sollten, sind fern, und ihr habt noch nicht die Wahrheit erkannt, daß die Liebe vom Herzen in Freude und Wärme ausstrahlen kann, ob das geliebte Wesen bei euch ist oder nicht. Im wahren Verständnis der Notwendigkeit der rosa Strahlen der Liebe müßt ihr einfach lieben und immer weiter lieben und die Wärme eurer Zuneigung auf alle Menschen und Dinge ausstrahlen und immer weiter ausstrahlen. Damit gebt ihr ihnen, was ihr vielleicht dem nicht geben könnt, den ihr als den von euch von Herzen geliebten Menschen betrachtet.

Alle, die die irdische Inkarnation auf sich nehmen, haben eine große und sehr schwere Lektion zu lernen. Denn jeder muß lernen, wie man bis zu einem gewissen Grade in der Isolation leben und doch Liebe verströmen kann. Früher spielte sich das Leben in der Familiengruppe ab. Geschwister lebten nahe beieinander; Ehegatten blieben innerhalb oder in der Nähe der Familie; Eltern blieben im Kreise der Liebe ihrer Kinder. Hierdurch entstand die Gruppenliebe. Es gab einen Austausch der rosa Kraft zwischen Großeltern und Enkeln und zwischen diesen Kindern und anderen, die zu ihrer Familiengruppe gehörten. So strömten in der Vergangenheit die rosa Strahlen ganz natürlich von Herz zu Herz während des ganzen Lebens.

In diesem großen, neuen Zeitalter der Erdgeschichte sieht man in allen Gemeinschaften des Lebens – besonders in den Städten – ein ganz anderes Lebensmuster. Die Familieneinheit wird aufgelöst, und die Menschen – statt nahe beieinander zu bleiben – treiben langsam in die Isolation. Ehemänner verlassen ihre Frauen und Kinder ihre Eltern, und man läßt die alten Menschen ihr Leben in Einsamkeit zu Ende leben. Einige hier zeigen das Muster dieser Isolation, denn ihr lebt allein oder von eurer Familiengruppe getrennt. Ihr vergeßt nun in der Stille des Alleinseins, daß ihr die rosa Strahlen der Liebe und Zuneigung braucht, daß ihr ohne sie schwach, erfolglos, einsam und innerlich grau werdet.

Weil ihr die rosa Strahlen benötigt, entwickelt ihr in eurer Vereinsamung die feinen inneren Merkmale von Krankheit und Leiden, die ganz sacht Seele und Körper befallen. Wenn ihr nun in Gruppen wie diese kommt und in die Gemeinschaft eurer verschiedenen geistigen Kreise, spürt ihr die Wärme und merkt, daß ihr geheilt werdet, weil wir in eure Aura eintauchen und die Gruppen mit den Energie spendenden rosa Strahlen durchweben, damit euer Herz wieder mit der Wärme der Liebe glüht und Gesundheit und Harmonie in eurem Wesen wiederhergstellt werden können.

Meine Lieben, ihr braucht Weisheit und Erkenntnis, um zu erlernen, wie man dieses irdische Dasein lebt. Ihr braucht den Frieden, den man in der Einsamkeit findet, aber ihr braucht auch die Wärme der Freundschaft und den Austausch der warmen rosa Strahlen, die da sind, wenn ihr mit Menschen zusammen seid, die euch lieben und die ihr liebt. Sie können mit euch argumentieren, nicht mit euch übereinstimmen und euch das Leben schwermachen; trotzdem braucht ihr die rosa Strahlen, die von ihrer Aura in der Wärme der Liebe und in der Zuneigung der Freundschaft ausströmen.

Denjenigen von euch, die heilen und in der geistigen Welt dienen möchten, sollte es möglich sein, jeden Tag dem Meisterschöpfer in Dankbarkeit eure Perlen darzubieten. Es sind die Perlen, die durch einfaches Dienen, durch unbeobachtete Freundlichkeit, durch die Wärme eures Heilens in der Stille und durch eure Liebe erschaffen werden. Aus solchen Perlen bestehen die großen Rosenkränze eurer Gebete. Es sind lange Ketten aus schimmernden Perlen, die von euch aus in die hohen Ebenen der geistigen Welt reichen und euch mit einer strahlenden Fessel an die hohen geistigen Wesenheiten binden, die den Wunsch haben, die Fülle ihrer Macht und die Schönheit ihrer Eingebungen auf euch zu übertragen.

Der Pfad vom niedrigeren Selbst zum höheren Selbst wird nicht aus dem Lob der Menschen und nicht aus dem Geschreibsel in den Zeitungen gebaut. Er wird nicht aus der Bewunderung und dem Lob derer erschaffen, die sehen, was ihr tut. Der Pfad, der vom kleineren Selbst in das größere Selbst führt, wird insgeheim erschaffen im Schweigen Schritt für Schritt – durch euren geheimen und liebevollen Dienst an den Unliebsamen, Einsamen und Kranken, die euch oft nicht einmal danken, weil sie nicht wissen, was ihr gebt. Darum gebt – gebt von der Wärme eurer Gedanken und eurer Liebe, auch im geheimen Gebet. Brecht aus der Umklammerung des Selbstmitleids aus, das euch wie eine Nußschale umschließt, die die rosa Wärme des Liebesstromes nicht durchdringen kann. Werft das Gewand der Selbstbemitleidung ab und werdet wie die herrlichen Blüten eurer Erde, die aus der sie umhüllenden Knospe ausbrechen und die strahlende Schönheit ihrer Blütenblätter beim Entfalten von Farbe und Freude zeigen. Wenn ihr lernt, so zu handeln, zeigt ihr wirklich die Schönheit eures Geistes. Ihr stellt den göttlichen Kreislauf in eurem geistigen Wesen wieder her, wodurch der Kreislauf im physischen Körper wiederhergestellt werden kann. Denn es gibt eine feine innere Beziehung zwischen dem Energiekreislauf im geistigen Körper und im irdischen Körper. Wer Liebe und Mitgefühl verströmt, entwickelt keine Krankheiten des Blutkreislaufs. Aber wessen Herz durch Kummer verwundet wurde und wer sein Herz durch Selbstmitleid verschließt, der behindert den göttlichen Kreislauf der Liebe in seinem geistigen Wesen, und dadurch wird der Kreislauf im irdischen Körper auch behindert. Wollt ihr also Harmonie, Gesundheit und Freude im irdischen Körper haben, so richtet euch aus auf Harmonie, Gesundheit und Freude und den göttlichen Kreislauf der Liebe im Geistkörper.

Weil dieses wahr ist und wir euch das rosa Gewand der Liebe anlegen wollen, bringen wir euch immer wieder die rosa Strahlen, um das Herz zu wärmen, und liebevolle Gedanken, um in euch die Freude und Wärme der Zuneigung anzufachen.

Wenn jemand von euch in Einsamkeit zum Ende seines Lebens kommt – wie es wirklich oft mit Erdenkindern geschieht, in deren Isolation die Herzenswärme erkaltet –, so bringen wir euch, wenn ihr in das geistige Leben eintretet, in die Gärten der Heilung, in denen Rosen immerfort in ihrer Schönheit blühen. Diejenigen, die die irdischen Blumen mit Liebe pflegten und Freude am Garten hatten, betreuen die Gärten in der geistigen Welt und sammeln die Rosen aus geistiger Materie. So können sich in diesen schönen Gärten, angefüllt mit heilenden rosa Blüten, diejenigen eine Weile ausruhen und zwischen den Rosen umherwandeln, die kalt und einsam in das geistige Leben eintreten. Während sie sich ausruhen, nehmen sie den Glanz der Farbe auf und atmen den Duft ein, bis ihr geistiges Wesen in den wärmenden Strahlen glüht und strahlt. Dann kann man sagen, daß sogar auch für diese die Heilung stattgefunden hat.

Ermutigt einander. Verstört einander nicht durch Mangel an Liebe und durch die Strenge eurer Kritik. Geht sanft miteinander um. Verströmt die rosa Strahlen eurer Wärme, eures Mitgefühls und eurer Liebe. Erwartet von den Überträgern unserer Gedanken nicht, daß sie große Heilige seien, sondern wisset, daß sie menschliche ›Musikinstrumente‹ sind, auf denen wir Musik, die Musik der Harmonie, die Musik der geistigen Welt spielen. Ermutigt einander in den Zeiten der Schwäche; tröstet einander in den

Zeiten der Trauer und des Kummers; ermutigt einander in den Zeiten der Verzweiflung; stärkt einander in den Augenblicken der Schwäche und Verzweiflung. Auf diese Weise werdet ihr ganz sicher langsam in großer Schönheit aus den Begrenzungen eurer Vergangenheit in die Größe der zukünftigen Zeiten hineinwachsen. Wenn ihr dann auf den Ablauf der Zeit zurückschaut und gegenseitig eurer geistiges Wachstum betrachtet, könnt ihr sagen: Hier ist wirklich die Arbeit des Geistes! Hier ist das Erblühen der Seele! Hier zeigen sich die rosa Strahlen der Liebe und der freundlichen Hinwendung, die wir untereinander auszutauschen versucht haben.

Wir wünschen euch, daß wir von den hohen Ebenen der geistigen Welt auf euch herabschauen könnten, ohne die Erde im Grau der Verzweiflung gekleidet zu sehen; sondern wir möchten alles so erblicken wie diesen Raum hier. Er ist wie ein schöner Rosengarten, da von jedem Herzen rosa Strahlen ausströmen und jeder das Rosa und Gold des geistigen Strebens im Inneren der Seele zeigt. Wie schön wäre das! Wie schön ist es, wenn wir die Menschen so wie hier sehen, viel schöner als die Menschen, die, mit den grauen Gewändern des Selbstmitleids bekleidet, völlig erdrückt vom Grau ihrer Ängste sind. Strahlt, glüht und seid entflammt und zeigt euer Selbst in der Wärme des Geistes. Dann werdet ihr wirklich als die wahren, königlichen Kinder des höchsten Gottes voranschreiten und dienen, heilen und segnen, wo immer ihr seid.

Friede, Friede, Licht und Liebe mögen hier sein und für alle Zeiten bleiben.

Unterschiede in der Liebe

Wenn ihr zu mir sagt: Was für eine Wirkung hat die Liebe in dieser Welt, und was für eine Wirkung hat die Liebe in der geistigen Welt?, dann möchte ich euch sagen: Welche Art der Liebe meint ihr, und was versteht ihr unter der Natur der Liebe?

Denn wahrlich möchte ich sagen: Es gibt vieles auf der irdischen Welt, das man Liebe nennt, aber diese Arten der Liebe sind nicht das, was wir auf den höheren Ebenen des Geistes mit dem Ausdruck ›Liebe‹ meinen.

Ich möchte euch sagen, daß der große Meisterschöpfer beim Erschaffen seines Universums jedem Lebewesen eine Affinität zu einer ihm verwandten Seele gibt, die es umgibt und wodurch es Harmonie finden kann. Darum fühlen die einfachen Formen der Mineralienmaterie in eurer Welt sich zueinander hingezogen und schließen sich zu Haufen und zu sternförmigen Gebilden zusammen. Ihr werdet nun zu mir sagen, daß es Liebe ist, wodurch sich die fünf oder sieben oder neun Elemente zusammengeschlossen haben, um einen dieser wunderschönen Kristalle zu schaffen, und daß die Liebe sie in Harmonie zusammenhält. Ich möchte darauf antworten, daß dieses nicht das ist, was wir als ›Liebe‹ bezeichnen. Sondern lieber möchte ich sagen: Dieses ist eine elementare Form der Anziehung, die man als ›Liebe der Elemente zueinander‹ symbolisieren kann.

Dann sagt ihr vielleicht zu mir: Ist es nicht Liebe, was die Vögel zueinander hinzieht, damit sie sich zu

Gruppen, Kolonien, Gemeinschaften zusammenschließen, wodurch sie durch den gemeinsamen Wunsch zu bauen, zu singen und zu erschaffen, zusammengehalten werden? Ist es nicht Liebe, die einen Vogel veranlaßt, sich hinzugeben, um sein Weibchen und seine Jungen zu beschützen? Ich möchte euch sagen: Ja, das ist wirklich eine Art der Liebe, die sich in der elementaren Form der Schöpfung manifestiert. Es ist eine Manifestation der großen Liebeskraft des Meisterschöpfers zu seiner ganzen Schöpfung, die Einigkeit, Harmonie und Ausgeglichenheit eines Wesens, einer Form, einer Gestalt zu einer anderen ins Dasein ruft. Aber das ist nicht notwendigerweise das, was wir auf den höheren Ebenen des geistigen Daseins mit Liebe bezeichnen, wenn wir davon sprechen; denn es sind wahrlich zwei große Kräfte, die in allen Dingen wirken: die Kraft der Anziehung und Abstoßung. Diese Kräfte verwandeln sich langsam in die Kraft der Liebe in ihren höchsten und lautersten Formen.

Darum möchte ich euch sagen: Wenn ihr verstehen wollt, welche Wirkung die wahre Liebe hat, so müßt ihr zuerst das Wissen erlangen, was die Natur der Liebe ist. Die wahre Liebe ist jenseits der elementaren, etwas erschaffenden und auch gemeinsam etwas erschaffenden Tätigkeit. Sie ist jenseits des normalen Ablaufes in der Natur. Die Liebe – so wie wir sie verstehen – ist wie das feinere und höhere Element, das erschaffen wird, wenn Wasser erhitzt wird und dadurch Dampf entsteht. Wasser ist ein Element der Erde; aber wenn es der Umwandlung durch Hitze unterzogen wird, dann verwandelt es sich in

Dampf, der das feinere Element des Wassers ist. Genauso ist die Aktivität des Lebens durch alle Felder der Natur hindurch. Das Leben wirkt durch die Materie der Mineralien, durch die wässrige Materie, durch die pflanzliche Materie, durch die tierische Materie, aus der der Tierkörper und der Menschenkörper bestehen. Aber in allen Aktivitäten der Natur ist eine göttliche Wärme, die Wärme der himmlischen Liebe, am Wirken. Diese himmlische Liebe, die Liebe des Schöpfers zu seiner Schöpfung, kann man mit der Wärme vergleichen, die aus dem Wasser den Dampf zieht, die aus dem erschaffenen Leben die feinere Aktivität zieht, die sich dann später als Liebe zeigt.

Darum möchte ich euch sagen: In der einfachen schöpferischen Freude, die die tierische Schöpfung fühlt, wenn sie ihr Schicksal erfüllt, ist sie sich auch manchmal der Liebe des Meisterschöpfers zu ihr bewußt. Das Bewußtsein zieht dann aus der elementaren Tierschöpfung jene feinere Lebensform heraus, wodurch ein Geschöpf sich für ein anderes Geschöpf aufopfert; dann sagt ihr: Das ist Liebe.

Im Menschen gibt es die Erkenntnis der Liebe des Schöpfers zu seiner Schöpfung, die auch die Menschheit ist. Wenn sich nun die Menschheit dieser Liebe bewußt wird, dann zieht sie aus der elementaren Natur des Menschen einen langsam wachsenden Aspekt der Liebe, der sich als Selbstaufopferung, in der Bereitschaft, zu vergeben, in dem Wunsch, zu lieben und zu dienen, auswirkt; er oder sie verausgabt sich dann im Dienst am Nächsten und an der Natur. Ich möchte sagen, daß dieses die erlösende Kraft der Liebe ist, wie sie sich in dieser eurer Welt manifestiert.

Ihr müßt erkennen, daß sich durch euch zwei Aspekte der Liebe zeigen: Der eine ist der niedrigere Aspekt, und der andere ist der höhere, geistige Aspekt.

Der erste Aspekt zeigt sich durch den Wunsch zu berühren, zu fühlen, zu sehen, sich in den Anblick zu versenken, sich der Wirklichkeit des Geliebten sicher zu sein; denn dieser erste Aspekt der Liebe bedeutet, daß ihr die Liebe des Wesens, das ihr liebt, auf euch ziehen möchtet. Wenn ihr euch der höheren Aspekte der Liebe bewußt werdet, wenn euer Bewußtsein durch die Liebe, die ihr für einen anderen empfindet, beginnt, sich des Schöpfers und des Gebers aller Liebe bewußt zu werden, dann wird sich der Ausdruck eurer Liebe wahrlich wandeln. Von dem Wunsch anzusehen, zu berühren, zu behalten, zu hören, fängt eure Liebe an, sich im Wunsch zu dienen und im Nachdenken, wie ihr das Leben des Geliebten verbessern könnt, auszuwirken. So wandelt sich die menschliche Natur: Zuerst denkt sie nur an sich und an den Wunsch, das Geliebte zu halten und zu besitzen, dann wandelt sie sich zu einem mächtigen Strom der Liebe hin zum Geliebten; dadurch wandelt sich die Natur langsam zu der Erkenntnis der Natur der göttlichen Liebe; und der Wunsch erwächst, der göttlichen Quelle Anbetung, Lob und Liebe zu geben.

Die Wirkung der Liebe in eurer irdischen Welt besteht darin, zuerst zu wärmen, zu reinigen und die elementare Natur der Menschheit auf eine höhere

Ebene zu heben und dann von dieser Ebene der Erkenntnis aus die Natur der Menschheit auf einen viel höheren Aspekt anzuheben, wobei die Seele des Menschen beginnt, die Einheit mit der großen Quelle der Liebe, die man Gott nennt, und die Erkenntnis des Meisterschöpfers, des großen Gebers von allem, zu suchen.

Nun werdet ihr zu mir sagen: Spielt die Liebe nicht eine besondere Rolle in den geistigen Welten, und hat sie nicht ihre bestimmten Ebenen oder Orte dort? Was für eine Rolle spielt die Liebe, wenn der Geist vom Körper befreit ist und in das Reich jenseits des Todes kommt? Ich möchte euch sagen: Sie spielt die wichtigste Rolle. Denn wenn der Körper im Tode abgelegt wird und der Geist von der Aktivität unter den Naturgesetzen eurer irdischen Welt befreit ist, dann steht er wahrlich unter den geistigen Gesetzen seiner Natur. In dem Maße, wie die Liebe in all den Jahren des irdischen Lebens entwickelt wurde, so gibt sie den Grundton hier im geistigen Leben an. Darum ist es so, daß der Mann oder die Frau, deren Leben ohne Liebe während all der Jahre der irdischen Erfahrung war, sich – frei vom Körper – im geistigen Leben allein findet. Sie haben ja noch nicht gelernt, wie man in der höheren Harmonie des Geistes lebt. Aber wenn ein Mensch Liebe zu einem Lebewesen empfinden konnte und zu irgendeinem auf Erden lebenden Mann oder einer Frau, zu irgendeinem Kind Liebe im Herzen getragen hatte, dann wird diese Liebe zu der erlösenden Kraft im Leben jenseits des Todes; denn durch diese Liebe beginnt der Mensch in seiner geistigen Natur zu leben, und durch diese Liebe kann er aus der selbstsüchtigen Liebe zu sich selbst auf den höheren Aspekt der geistigen Erkenntnis, der geistigen Schönheit bezogen werden. Anders ausgedrückt: Im Leben jenseits des Todes werden die, die lieben, so ähnlich wie Ballons, die ihr in eurer irdischen Welt habt. Wenn Ballons mit Gas gefüllt werden, sind sie leicht und frei. Wenn nun die Schnur, die den Ballon an die Erde bindet, gerissen ist, steigen die Ballons schnell und leicht in die Luft. Ich möchte euch sagen, daß es mit der Menschenseele ähnlich ist. Wenn ein Mann oder eine Frau gelernt hat, intensiv zu lieben, dann absorbiert die Seele von der göttlichen Quelle, vom Meisterschöpfer, eine Menge der göttlichen Kraft. Dadurch wird der geistige Körper leicht, er weitet sich. Wenn dann die Schnur, die ihn an den irdischen Körper bindet, abgerissen ist, dann steigt der Geist schnell und leicht in das Licht und in die Schönheit der geistigen Atmosphäre und begibt sich schnell auf eine hohe Ebene des geistigen Daseins.

Diejenigen, die auf der irdischen Welt leben, müssen aus der großen zentralen Quelle der Liebe eine Vermehrung der Liebe ziehen; denn diejenigen, die viel lieben, während sie im Körper sind, brauchen Kraft, um einander zu dienen. Wenn sie viel lieben, beten sie viel; denn sie sind sich der Notwendigkeit bewußt, zu dienen und anderen zu helfen. Dadurch ist ihr Wesen die ganze Zeit für das Einströmen der Liebe und der Kraft aus der göttlichen Quelle offen. Das ist wie der Äther, den sie ins Innere der Seele einatmen – das sind die Gase, die die Seele leicht machen –, bevor sie sich immer mehr erweitert. Sie wird immer leichter, so daß sie zur Zeit des Todes frei und leicht ins Geistige aufsteigen kann.

Wahrlich möchte ich euch sagen, ihr Lieben: Die Liebe ist in der Tat die erlösende Macht in dieser Welt; sie ist der Reiniger, der Erwärmer; sie bewirkt die Erlösung der Menschheit.

Erhebt euer Herz, erhebt eure Gedanken, erhebt eure Seele und denkt über den Aspekt der Liebe nach, wie er auf eurer Welt durch euren Meister Jesus offenbart wurde. Denn durch das Nachdenken über diese Seele, die von der Liebeskraft durchdrungen war, könnt ihr langsam in den höheren Aspekt eures Selbst gelangen und könnt durch den Kanal eures Wesens Liebe auf die Erde schicken. Dann können eure Hände sanft, gütig und heilend alle Menschen, die euch nahe sind, berühren. Eure Augen können dann die geistige Liebe in einem Lächeln, das tief in eurer Seele wohnt, hinausstrahlen. Liebe kann dann eure Worte mit Sanftmut und Güte beflügeln. Dann könnt ihr keine Seele, die ihr hier auf der Erde trefft, verletzen oder ihr schaden. Atmet Liebe ein, damit die Gedanken, die von euch ausgehen, euch wie silbrige Vögel, die die göttliche Liebe ausstrahlen, umschwirren. Sie fliegen dann in der Schönheit des Segens und im silbernen Strahl des Lichtes von einem zum anderen. Dann kann die ganze Erde mit der irisierenden Farbe eures sanften Aneinanderdenkens scheinen. Dann können das Grau der irdischen Atmosphäre und die Niedergeschlagenheit darin durch die Schönheit eurer Liebe transformiert werden.

In Liebe segne ich euch.

Eine Lektion über die Liebe in der Lebensschule

Liebe Brüder und Schwestern, ich grüße euch wieder und versuche, etwas von der Atmosphäre geistiger Kraft, Heilung und geistiger Liebe freizusetzen; denn das ist es, was jeder von euch braucht, während ihr eure Erfahrungen in der Lebensschule auf der Erde macht. Wahrlich ist es das Wichtigste, was ihr auf der Reise durch die irdischen Erfahrungen lernt, wie ihr euch von den primitiven Trieben, die ihr als einen Teil eurer Körpernatur erbt, zurückziehen könnt und lernt, sie zu überwinden und in Sanftmut, Liebe und Gelassenheit umzuwandeln.

Wenn ihr in den irdischen Körper eintretet, taucht euer Geist in das Chaos der irdischen Bedingtheiten und in die Kämpfe in der Naturwelt ein. Er wird in all die Begrenzungen, die von den Naturkräften um euch gezogen werden, hineingezogen. In euren Jugendjahren besitzt ihr noch die Leichtigkeit des Geistes, den geistigen Frohsinn und die geistige Freude. Aber später taucht ihr langsam in die Bedingtheiten des irdischen Lebens ein, die die Leichtigkeit eures Geistes beschränken. Sie halten euch in der Schwere des irdischen Körpers und der irdischen Existenz fest. Bis ihr gelernt habt, daß dies nur eine Erfahrung und eine Lektion ist, wodurch ihr lernt, wie man die geistige Kontrolle aufrechterhält, habt ihr das Gefühl, als ob ihr inmitten der widerstreitenden Bedingungen des irdischen Lebens und der sich bekriegenden Elemente verloren seid.

Eine der wichtigsten Lektionen, die ihr als erstes im irdischen Leben lernt, ist, wie man die Schwere des irdischen Körpers kontrolliert. Alsdann lernt ihr, die vielen gegensätzlichen Kräfte in der Natur zu beherrschen. Drittens lernt ihr, wie ihr diese primitiven Kollektivkräfte in die Macht der Liebe und in die Strahlen geistigen Friedens umwandeln könnt.

Während der Jahre der irdischen Erfahrung spürt ihr manchmal, daß ihr von Liebe erfüllt seid und daß übermächtiger Friede euch erfaßt. Dann werdet ihr wieder in die Kämpfe und das Chaos des irdischen Lebens hinabgezogen. Wenn das geschieht, ist es an der Zeit für euch zu lernen, wie ihr euch in die Erkenntnis zurückziehen könnt, daß ihr in eurem inneren Wesen Geist seid. Durch die Macht des Geistes könnt ihr Harmonie inmitten des Chaos erschaffen. So könnt ihr dieses Chaos in den Frieden umwandeln, der der Friede des Geistes ist.

Ihr Lieben, lernt die Lektion, daß ihr selbst Geist seid – sogar in diesem Augenblick, an diesem Ort und in diesem Körper, der in diesem Augenblick atmet und lebt. In diesem Augenblick seid ihr Geist – so wie ihr es in zehn Jahren sein werdet oder wenn ihr den irdischen Körper nicht mehr braucht und ihn durch die Erfahrung des Sterbens wieder verlaßt. Auch dann werdet ihr noch Geist sein. Wenn ihr das erkennt – nicht als eine Glaubenssache, sondern als tiefinnerste Erfahrung der Seele –, kommt ihr unweigerlich in Übereinstimmung mit den großen und ewigen Wahrheiten eures inneren Wesens.

Sobald ihr in Übereinstimmung mit diesen Wahrheiten seid, erkennt ihr, daß ihr Erben aller Kraft und

Liebe, aller Schöpferkraft und Freude seid, die dieses große, unendlich weite geistige Universum, das euch umgibt, erfüllt. Darum werdet ihr dann nicht mehr während eurer Gebetszeiten um Freude und Frieden beten; ihr braucht dann auch nicht mehr um Kraft zu beten. Dann wißt ihr, daß ihr euch nur an eure wahre innere Natur zu erinnern braucht. Dadurch kommt ihr sofort mit dem großen Zentrum und der Quelle, aus der alles, dessen ihr bedürft, herkommt, in Übereinstimmung.

Wenn ihr diese Gaben, wenn ihr sie braucht, erhaltet, lernt ihr, die Kräfte eurer eigenen Natur zu meistern. Dann lernt ihr auch, die Kräfte in der euch umgebenden Welt zu meistern.

Sobald ihr euch des Friedens in eurem inneren Wesen bewußt seid, könnt ihr inmitten chaotischer Umstände und unter chaotischen Menschen leben; aber der Friede, der der Friede des Geistes ist, strömt durch eure Seele hinaus und wird durch eure Gedankenströme mit Hilfe eures Willens gelenkt. Er vermag ganz sicher das Chaos in Harmonie zu verwandeln. Dann kann man wahrhaftig sagen: »Gesegnet sind diejenigen, die Frieden erschaffen.« Denn die Erschaffung von Frieden entspringt der Erkenntnis der Harmonie tief in eurem inneren Selbst.

Denkt an meine Worte, denn euch begegnen sicherlich Stürme auf eurer irdischen Welt. Ihr begegnet der Feindschaft anderer Menschen und Stürmen, die durch das Kollektivbewußtsein von Menschenmassen in eurem Land entstehen. Das ist dann der Zeitpunkt, in eurem Wissen und eurer Erkenntnis fest zu bleiben – nämlich, daß ihr Geist seid und daß der Geist diese Zustände überwinden kann.

Was ist die Quelle der Liebe? Woher kommt sie? Wie ist sie in die irdische Welt gelangt? Wie könnt ihr die Liebe verstehen? Wahrlich möchte ich euch sagen: Die einzige Art, die Liebe zu verstehen, ist, euch nicht mehr der Liebe bewußt zu sein. Denn wenn ihr euch in eurem Heim in der liebevollen Fürsorge der Familie befindet, umgeben von sanfter, freundlicher Zuneigung gleichgesinnter Gefährten, seid ihr euch nicht der Liebe bewußt, denn sie umgibt euch als unsichtbare Atmosphäre. Nur wenn sie euch plötzlich entzogen wird, dann wird euch bewußt, daß die Liebe nicht mehr da ist.

So ist es auch mit der geistigen Liebe. So ist es auch mit der Liebe des großen Meisterschöpfers für seine ganze Schöpfung. Ihr seid so an die geistige Liebe, die euch umgibt, gewöhnt, ihr seid so an den Gedanken gewöhnt, daß Gott euch liebt, bis zu dem Augenblick, in dem ihr euch davon getrennt fühlt, oder wenn ihr euch durch Umstände dieser Liebe nicht bewußt seid.

Wenn ihr euch aber als Geist erkennt, seid ihr in den Strahlen der Liebe gebadet. Denn die Liebe ist überall um euch, so wie die Luft, die ihr einatmet. Ihr braucht nur die Wahrheit zu erkennen und daran festzuhalten, daß ihr in dieser herrlichen Liebesstrahlung wohnt und lebt. Dann erkennt ihr, daß sie ein Teil eurer wahren Natur ist – ein Teil eures ureigenen Wesens. Sie fließt in eure Taten und Handlungen als Güte, Mitgefühl, Verständnis und als die Fähigkeit zu vergeben ein.

Seid also nicht bekümmert, wenn ihr spürt, daß ihr jene nicht verstehen könnt, die euch umgeben. Sorgt euch nicht, wenn ihr ein Ungenügen an Liebe habt. Ihr braucht nur zu der Erkenntnis eurer spirituellen Identität zurückzukehren und zu erkennen, daß ihr in dieser spirituellen Identität in Liebe gebadet seid, denn Liebe ist ein Teil der geistigen Atmosphäre, die euch umgibt.

Sobald dies ein Teil eurer Natur wird, lernt ihr zu verstehen und zu vergeben. Ihr lernt, die Sünden zu vergeben, die eure Welt verletzen, den Haß zu vergeben, der eure Kinder verletzt, den Mangel an Verständnis zu vergeben, der euer Herz und eure Seele verletzt.

Strahlt Vergebung aus, denn das ist das Hinausströmen der Liebe. Die Verwirklichung der Liebe ist eine wesentliche Lektion während eurer Lebenserfahrungen. Wahrlich möchte ich euch sagen, wenn ihr diese Lektionen der Harmonie, der Kraft und der liebevollen Güte gelernt habt, bekommt ihr die Leidenschaften des irdischen Körpers unter Kontrolle und harmonisiert sie. Dadurch beginnt ihr dann, Segen und Harmonie in die euch umgebende Schöpfung auszustrahlen. Ihr beginnt, das Land und das Wasser zu segnen und die Schönheit eurer Umwelt mit eurer Liebe zu umkosen. Dann lehrt ihr den Teil der Schöpfung, der Kriege führt, langsam auf wunderbare Weise, wie man in Frieden miteinander leben kann.

Der liebende Mensch – Mann oder Frau –, der die Katze lehrt, dem Vogel nicht mehr Schaden zuzufügen, hat den Erweis erbracht, daß er diese Lektion erlernt hat. Denn der innere Geist verwandelt damit einen Teil der primitiven Natur und der Welt und beherrscht ihn.

Wenn ein Mensch mit Güte dem Pferd beibringt, seinem Willen zu gehorchen, so daß das Tier in Liebe und Harmonie dienen, arbeiten und leben kann, so ist dieses auch ein Ausdruck der Meisterung des Geistes über die primitive Natur der Welt.

Wer die Katze lehren kann, in Frieden und Harmonie mit dem Hund oder einem anderen Tier zu leben, lernt eine der wichtigsten Lektionen des inkarnierten Geistes. Wer vielleicht den Löwen dazu bringt, sich neben das Lamm hinzulegen, lernt, daß er zuerst in Harmonie in seinem eigenen Inneren leben muß. Dann kann er Harmonie in der Natur, der primitiven Welt,.die ihn umgibt, erschaffen.

Die Erleuchteten können mit bloßen Füßen auf Steine und Gras treten, und keine Kreatur fügt ihnen Schaden zu. Wer Liebe für die ganze Umwelt fühlt, sendet Licht- und Segensstrahlen aus, die telepathisch von anderen Menschen, von Vögeln und allem, was lebt, aufgenommen werden.

Wisset, der Mensch steht im Zentrum dieser großen und schönen Schöpfung. Er ist dafür bestimmt, die Schöpfung emporzuheben, während er sich selbst emporhebt.

Gewaltlos leben

Ich begrüße euch, ihr Lieben. Ich grüße euch im heiligen Namen der Liebe; ich überbringe euch Grüße von all den leuchtenden Heerscharen, die um euch sind, die euch bei euren Kämpfen und Schwierigkeiten tagtäglich betreuen. Jeder von uns kommt mit Liebe, denn wir wissen, daß während eurer Erdenjahre die Sanftheit der Zuneigung und die Zartheit der Liebe die Gaben sind, die ihr für euer Herz, für eure Seele im irdischen Leben braucht. Wenn ihr von Liebe umgeben seid, schreitet ihr wahrhaftig leichter voran, ganz gleich, wie schwer die Erfahrungen sind oder wie bitter der Verlust oder wie schwierig die Lektion zu erlernen ist. Wenn ihr euch bewußt werdet, daß ihr von Liebe umgeben seid, wird der Weg leicht, und die Schwierigkeiten werden verringert.

So bringe ich euch Grüße von den hellen Heerscharen. Sie lieben euch und wachen über euch; denn jeder von ihnen weiß, wie es ist, die irdischen Lebenspfade entlangzugehen, die Kälte der Einsamkeit, den Kampf und die innere Verzweiflung zu spüren. Sie haben ja auch die verschiedenen Erfahrungen durchgemacht und sind nun herübergekommen in den Frieden der geistigen Erfahrungen. Sie wissen, wie kostbar die Gabe der Liebe war, als sie sie von einem Kind, einer Ehefrau, einem Ehemann, von Vater, Mutter oder Freund erhielten. Wenn diese Lieben, die euch kennen, aus ihrem geistigen Stadium zurückschauen in die Erinnerung an ihr irdisches Leben, erinnern sie, wie schön, wie zart, wie kostbar die Gaben der Liebe waren, die sie auf all ihren Wegen unterstützten. Sie umgeben euch mit der Atmosphäre ihrer echten Zuneigung, der Sanftheit ihrer Liebe, damit ihr euch dieser geistigen Atmosphäre bewußt werdet, die sie erschaffen. Dann wird euer Weg erhellt, euer Herz erwärmt, und das Heim, in dem ihr jetzt lebt, fängt an, mit dem strahlenden, wunderbaren Licht der Freundlichkeit und Liebe zu glänzen.

Ich möchte euch sagen, ihr Lieben, der Schlüssel und der innere Kern, der im Herzen aller Wahrheit ist, ist in dem einfachen Wort ›Gewaltlosigkeit‹ enthalten. Versucht, so gut und rechtschaffen wie möglich inmitten all der verschiedenen Erfahrungen auf eurer Welt zu leben. Versucht, eure Worte und eure Gedanken zu beherrschen, damit Gewaltlosigkeit tatsächlich der goldene Schlüssel sein kann, der in eurem Herzen liegt. Gewaltlos in der irdischen Welt zu leben, wie schwer das ist! Was für ein Hin und Her kann das sein. Was für große Probleme können in eurem Leben auftauchen, wenn ihr versucht, dieses einfache Gesetz bei euren Beziehungen zueinander anzuwenden, bei der Beziehung zu den Menschen, mit denen ihr arbeitet, bei der Beziehung zu der großen Welt der Natur, die euch umgibt. Trotzdem möchte ich euch sagen, ihr Lieben, man kann es tun, es kann erreicht werden, so wie es in der Vergangenheit getan wurde.

Wenn ihr so die Seiten der Geschichte, die vom Menschen geschrieben wurde, zurückblättert, findet ihr dann nicht, daß es zweierlei Arten von Berichten gibt über den Fortschritt der Menschheit? Einmal gibt es da den Bericht, der mit dem Rot von Blut, von Schmerz, Grausamkeit und Opfer geschrieben wurde. Der andere Bericht ist mit den silbernen Buchstaben über die Seher, die Heiligen, die Propheten, die guten Männer und Frauen geschrieben. Dieser Bericht hat all die Jahrhunderte der Zeit überdauert, weil ihr Name mit der silbernen Kraft des Gutseins geschrieben wurde und weil ihr Gutsein sicherlich in ihrer Bemühung, gewaltlos inmitten des Lärms der Menschen ihrer Umgebung zu leben, enthalten ist.

Wenn ihr die Zeit anschaut, die noch vor euch liegt, und ihr fragt, wie ihr sie am besten leben könnt, wie ihr euer Leben einrichten könnt, so möchte ich euch sagen, ihr Lieben, versucht euer Leben so gewaltlos wie nur irgend möglich zu gestalten. Und dieses muß gewiß so vor sich gehen, die ›stille‹ Zunge im Mund zu haben, die Zunge, die schweigt, wenn sie nicht etwas Gutes aussprechen kann. Das ist die Zunge, die dem Charakter eines anderen Menschen nicht Gewalt antut durch schadenbringende Worte oder unfreundliche Unterhaltung; denn das ist wahrhaftig der Kern und der Schlüssel der Gewaltlosigkeit. Es bedeutet auch, ihr Lieben: Wenn ihr gewaltlos leben wollt, müßt ihr lernen, solche Liebe im Herzen zu haben, daß eure Liebe das lodernde Feuer eurer Launen und eures Beleidigtseins auslöscht. Sie bewirkt, daß ihr ungerechten Anschuldigungen gegenüber und in Streitsituationen, die durch andere verursacht werden, das Feuer eurer Ungeduld auslöschen könnt, daß ihr eure vorschnelle Erwiderung zurückhalten könnt, damit das

Feuer des Streites verlöscht. Denn diejenigen, die gewaltlos leben, können und wollen keinen Streit mit anderen Menschen haben. Ihr könnt ganz gewiß mit der Ruhe eurer Beurteilung sprechen; ganz gewiß dürft ihr anderen Weisheit zukommen lassen. Aber äußert alles nicht in ungeduldiger Hast und nicht in der Hitze einer streitsüchtigen Debatte, wenn ihr auf eurer Welt gewaltlos leben wollt.

Gesegnet sind die Friedfertigen, aber wie kann der Friedfertige gesegnet werden, wenn er nicht solch einen Frieden im Herzen hat, daß er keinen Grund zum Streiten findet und keinen Grund zum Kampf mit anderen Menschen?

Wenn ihr gewaltlos lebt, ihr Lieben, muß das auch heißen, daß ihr manchmal in der Stille eures Herzens entscheiden müßt, wie ihr handeln sollt. Denn ist es nicht wahr, daß jeder von euch manchmal in Krisen gerät, in welchen es so scheint, als ob ihr zwischen zwei Dingen oder Situationen entscheiden müßt? Es scheint euch dann vielleicht, welche Entscheidung ihr auch trefft, so wird sie eine andere Seele verletzen oder ihr eine Erfahrung des Schmerzes bringen. Wenn ihr euch dann immer noch bemüht, gewaltlos zu leben, wenn es euer Wunsch ist, das Gesetz des Friedens und der Liebe anzuwenden, werdet ihr das Problem wegen eurer Liebe im Herzen in den stillen Zeiten des Nachdenkens betrachten. Dadurch werdet ihr dann weise und still zu einer Entscheidung kommen, durch die allen denjenigen, die ihr kennt, am wenigsten geschadet wird und sie am geringsten verletzt werden. Sollte es sein, daß ihr die Gefühle eines anderen verletzen müßt, dann – nachdem ihr die Entscheidung in der Sanftheit eurer Liebe und in der Stille eures Gebetes getroffen habt – laßt demjenigen, den ihr verletzen müßt, euer heilendes Gebet, die Zartheit eurer Liebe und die Sanftmut eures Bedauerns zukommen, das Bedauern darüber, daß ihr ihn verletzt, indem ihr dieses tut.

Wenn ihr so lebt und wenn ihr so den Vorsatz habt, das geistige Gesetz anzuwenden, dann bringt ihr wahrhaftig das Gesetz der Gewaltlosigkeit in die Fülle seiner Anwendung und in die Fülle seiner Schönheit.

Kann es etwas Schöneres auf eurer Erde geben? Kann es irgendeine schönere Zukunftsvison geben als zu sehen, daß die Welt mit Frieden erfüllt ist und daß eure Städte von solchen Menschen bewohnt sind, die gewaltlos miteinander leben?

So wie die Macht eurer Gewaltlosigkeit hinausströmt, so vergrößert sich die wahre geistige Macht. Die geistige Gemeinschaft und die geistige Kraft werden einst euer Schild, eure Rüstung, eure starke Unterstützung sein gegen die rauhen, die schweren, die schädlichen, die feindlichen und mächtigen Schwingungen der Erde selbst.

Nun möchte ich euch sagen, ihr Lieben: Ich liebe euch und möchte euch die Erneuerung der Liebe bringen, damit ihr euch an das einfache Wort ›Gewaltlosigkeit‹ von jetzt an bis in die ferne Zukunft erinnert. Wenn es für euch sogar schwer ist zu lieben, schwierig zu vergeben, so denkt daran, gewaltlos in euren Worten, gewaltlos in euren Gedanken und gewaltlos in euren Taten zu sein. Dann seid ihr die Brüder und Schwestern der leuchtenden

Heerscharen, die euch Licht, Freude und Kraft bringen.

Vergebung – was ist das?

Möge göttliche Liebe diesen Raum erfüllen. Möge himmlische Liebe die Herzen dieser Menschen, die hier in der Stille versammelt sind, überfluten und erleuchten. Möge die Liebe – die Liebe des Geistes, der Einheit und der Freude – die Seelen dieser lieben Menschen anrühren, so daß sie die Berührung und die Schönheit der Liebe in sich selbst fühlen und es ihnen möglich wird, die Bedeutung von Vergebung zu verstehen und zu erkennen, daß es ohne Liebe keine Vergebung geben kann.

Ich möchte euch durch die Stimme dieser Frau sagen, daß es nur einen Weg gibt, wie ihr Erdenmenschen die Bedeutung von Vergebung verstehen könnt. Ihr müßt erkennen, daß die Liebe selbst durch unzählige Male des Vergebens geprüft und gestärkt wird. Ihr versteht das Wesen der Liebe erst, wenn sie geprüft worden ist und ihr gelernt habt, zu vergeben. Ihr, die ihr im irdischen Leben steht, stellt euch vor, daß Liebe aus schönen Gefühlen besteht, aus Küssen und Streicheln, aus Besorgtheit und schmeichelnden Worten. Erst wenn ihr verletzt und enttäuscht worden seid, könnt ihr die Kraft der Liebe wirklich erproben und verstehen.

Liebe, die ein Leben lang oder über jahrhundertlange Lebenszeiten andauert, ist wie eine große

Kette aus Gold, die aus Augenblicken der Vergebung, aus Gesten der Vergebung und aus Gedanken der Vergebung besteht. Denn die Liebe blüht, wenn die Vergebung blüht. Wenn man nicht vergeben kann, kann man auch nicht lieben. Dieses Wissen habt ihr natürlich in euch. Denn ich möchte euch sagen, daß die Größe des Vergebens das Maß für eure Herzensgüte ist; und die Fähigkeit zur Vergebung ist das Maß für die Liebe.

Wenn ihr vergeben wollt und fühlt, daß euer Herz nicht groß genug ist, um voll und ganz zu vergeben, dann beginnt mit kleinen Gesten der Vergebung. Denn so zeigt ihr an, daß ihr versucht, in einer physischen und sichtbaren Weise den unsichtbaren inneren Wunsch der Seele auszudrücken. Auch wenn ihr nicht vergeben könnt, so könnt ihr doch als ein Symbol für euren Wunsch zu vergeben eine Geste zeigen. Wenn ihr ein Geschenk angeboten, einen Brief geschrieben, Worte ausgesprochen und die Hand ausgestreckt habt, werdet ihr euch innerlich besser fühlen.

Vielleicht lehnt dann dieser Mensch euer Geschenk ab oder geht nicht auf eure Geste ein. Vielleicht erwidert er euren Kuß nicht. Aber das ist nicht wichtig. Wichtig ist vielmehr, daß ihr die Geste des Vergebens gemacht habt, daß ihr versucht habt, den Wunsch und die Bewegung in eurer Seele auszudrücken. Diese Bewegung ist ja in eurer Seele, weil ihr wißt, daß ihr vergeben solltet, und weil ihr in eurer spirituellen Entwicklung die Stufe erreicht habt, auf der ihr wünscht, daß der betreffende Mensch weiß, daß ihr ihm vergebt.

Ich möchte euch sagen, daß Vergebung keine Tugend ist, die ihr in einem wunderbaren, großen Augenblick des Triumphes erringen könnt. Glaubt nicht, daß es so leicht ist, sie zu erlangen. Aber wisset, daß das Vergebenkönnen durch langsame und sorgfältige Vorbereitung eintritt.

Zuallererst muß die Seele erkennen, daß die Vergebung benötigt wird. Dann muß der Wunsch dasein, die Vergebung auszudrücken. Schließlich muß das innere Wesen erkennen, daß ein Zeichen der Vergebung benötigt wird. Dann muß im Bewußtsein eine Regung von Mitgefühl oder Liebe entstehen, die euch veranlaßt, jemandem zu zeigen, daß ihr ihm vergebt, jemandem, der euch weh getan hat oder etwas zerstörte, was euch viel wert war.

Ihr lebt in diesem milden Land, und ihr fühlt die kleinen Stiche, die kleinen Ungerechtigkeiten und die kleinen Verletzungen, die eurer Seele weh tun. Ihr fragt dann: »Wie können wir vergeben?« Ihr vergebt zuallererst dadurch, daß ihr die Notwendigkeit des Vergebens erkennt. Wenn ihr dann versucht, den Wunsch zur Vergebung in euch wachsen zu lassen, kommen die liebevollen und verständnisvollen Geistwesen zu euch und lassen den Geist der Liebe in euch wachsen. Denn sobald die Liebe in euch wächst, wird Vergebung möglich. Nur jene können nicht vergeben, die in sich sehr klein sind und deren Seele durch fehlende Liebe verkümmert ist. Wer Liebe empfängt, wer in den Strömen geistiger Liebe gebadet ist und wer von irdischer Liebe umgeben ist, der lernt allmählich, die wahre wunderbare und vollkommene Gnade zu verstehen, daß nämlich die

Liebe an sich Vergebung ist und daß die Zeichen der Liebe die Zeichen der Vergebung sind.

So schreitet voran in eurem irdischen Leben und vergebt und vergebt immer wieder, liebt und liebt immer wieder. Denn auf diese Weise zeigt ihr eure spirituelle Reife und teilt die ganze strahlende Kraft eurer schönen Seele und eures Geistes mit den Menschen eures Landes.

Säen und Ernten

Ihr lebt auf einer Welt, auf der alles dem Wechsel unterworfen ist, auf der alles niedergerissen und wiederaufgebaut wird – denn das ist das Muster und ist die Art und Weise, wie das Geistige in eurer vergänglichen Welt wirkt. Darum erwartet der weise und verständnisvolle inkarnierte Geist keine Dauer in den Dingen, die er sieht. Er sagt: »Ich lebe hier in einer Welt, in der alles dem Wechsel unterworfen ist – denn das ist das Gesetz des Meisterschöpfers. Darum werde ich nicht über Verlust und Gewinn, nicht über Reichtum und Armut trauern, sondern ich versuche lieber, jedesmal die Werke, die mir in die Hände gegeben werden, mit liebendem Herzen zu vollenden.«

Ihr Lieben, im geistigen Werk werdet ihr die Früchte der Saat, die ihr gesät habt, niemals auf eurer Welt sehen; ihr seht niemals hier auf eurer Welt die Resultate eurer Werke. Denn alles, was in einer geistigen Absicht getan wird, wird für das Geistige getan und kann auf Erden nicht Frucht bringen; und der Samen, den ihr in das Gemüt und in die Seele von Menschen gesät habt, kann auch nicht in seiner Blüte auf Erden gesehen werden.

Die Arbeit, die für die Erde getan wird, wird auf der Erde geerntet. Der Mensch, der für sich auf der Erde großen Reichtum aufbaut, wird den Reichtum auf der Erde ernten; aber der Mensch, der seine Arbeit im Geiste der Liebe und des Dienens anderen Menschen zukommen läßt – wie kann er die Folgen seiner Werke sehen, da die Menschen, denen er dient, so schnell seinem Bewußtsein entschwinden? –, wird die Folgen seines Säens auf der geistigen Ebene sehen, und das wird stattfinden, wenn die Arbeit und die Reise auf der Erde vorüber sind.

Es sollte so sein, daß ihr in eurer Weisheit zufrieden seid, einfach zu arbeiten und zu lieben und auf dem Felde des menschlichen Lebens den Samen des Guten zu säen und zufrieden zu sein, daß eure Ernte irgendwann kommen wird. Es ist so, daß hier auf der Erde nur der Schatten ist und bei uns im Geistigen die Wirklichkeit. Darum muß eure Arbeit immer unvollendet sein.

Ist es nicht so, daß hier auf der Erde eine ganz wunderbare Musik von einem der am höchsten inspirierten Musiker komponiert wurde? Und liegt ihre Schönheit nicht darin, daß sie als ›Die Unvollendete‹ bekannt ist? Sie ist unvollendet, weil sie die Geschichte des menschlichen Lebens ist – das heißt, des menschlichen Bemühens. Der Schluß der Symphonie liegt hier im geistigen Reich, und die Erfüllung aller Arbeit kann man auch hier finden.

Denkt daran, daß die Absicht, mit der ihr arbeitet, wichtiger ist als das Werk selbst. Wenn es so ist, daß ihr den Menschen, die euch nahe sind, nur einen kleinen Dienst erweisen könnt, und doch euer Dienst durch den Geist der Liebe ausgelöst wird, der euch veranlaßt, Tag für Tag etwas von eurer Arbeit in Liebe zu geben, dann möchten wir sagen, daß die Absicht eures Dienstes gut ist. Der Dienst wird vom Geiste der Liebe diktiert. Es kann sein, daß die Menschen, denen ihr den Dienst erweist, ihn nicht schätzen; sie legen vielleicht gar keinen Wert auf die Arbeit, die ihr für sie tut. Trotzdem sind tief in eurem inneren Selbst die Erkenntnis und das Wissen, daß das, was ihr tut, vom Geiste der Liebe ausgelöst wird. Darum wird die Ernte eures Tuns fortbestehen. Ihr seht die Ernte vieleicht nicht in der Dankbarkeit der Menschen, denen ihr den Dienst erwiesen habt; ihr seht vielleicht die Früchte eures Gebens nicht in Geschenken, die euch dafür gegeben werden. Trotzdem ist es wahr, daß ihr mit liebevoller Absicht auf das Feld des Lebens gesät habt, und ihr werdet die reiche Ernte einbringen, wenn ihr hierher in das geistige Leben kommt.

Die Liebe verleiht dem, was man tut, Flügel und Leben, und die Liebe bringt eine bleibende Qualität in die Arbeit, die so vergänglich aus irdisch-vergänglicher Sicht erscheint.

Es sind nicht die Früchte eurer Arbeit, die von Wichtigkeit sind; wichtig ist die Absicht, mit er ihr euch der Heilerarbeit hingebt. Mit Liebe versucht ihr, den gebrochenen Körper wieder herzustellen, mit Liebe sendet ihr euren Heilungseinfluß hinaus, und darum wird eure Liebe einst die Arbeit vollenden, die ihr begonnen habt.

Es ist wahr, daß alle auf eurer irdischen Welt und alle in der geistigen Welt, die euch umgibt, durch die Gesetze von Ursache und Wirkung regiert werden, und das, was gesät wurde, muß eines Tages geerntet werden; und das, was in Bewegung gesetzt wurde, muß eines Tages seine Erfüllung finden. Darum muß das, was in Liebe gesät wurde, das, was im Geiste der Liebe gearbeitet wurde, eines Tages seine endgültige Erfüllung und die Fülle seiner Schönheit erreichen.

Geht weiter auf eurem Pfad – widmet euch euren Werken des Dienens und der Arbeit, belehrt und liebt einander. Seid weder verzagt noch entmutigt, sondern denkt Tag für Tag daran, daß die Arbeit, die im Geiste der Liebe getan wird, für alle Zeiten bestehen bleibt, während die Ziegel und der Mörtel der Erde zerbrechen und vergehen.

Die Reichtümer des reichen Mannes können ihm nicht helfen, wenn er das Ende der irdischen Reise erreicht, sondern die Liebe, die vom inneren Geiste ausgegossen wurde, ist eine Krone und ein Schmuckstück; sie wird zu einem Gewand aus Licht, sie wird für euch euren Schatz im Himmel erschaffen, der niemals vergehen und nie verblassen wird. Wenn eure Arbeit in lauterer Absicht mit liebender Hingabe ausgeführt wird, dann ist eure Arbeit gut. Es ist nicht die Kirche, die gebaut wird, die wir ansehen; es ist nicht das Haus, das gegründet wird, das wir ansehen; es ist nicht der Lobpreis von Menschen, den wir ansehen, um zu entdecken, was tatsächlich eure Arbeit ist. Wir sehen euch selbst an. Wir schauen in euer Herz. Das Kleid sehen wir an, die geistige Aura, die euch umgibt. Das ist es, was wir ansehen, um zu erkennen, wo ihr Erfolg habt.

Ich komme jetzt zum Ende, indem ich euch den Gedanken gebe, daß die Welt, von der ihr denkt, daß sie so dauerhaft ist, nur ein Teil der vielen Welten ist, die während der langen Jahrhunderte der Zeit existiert haben, währenddessen Nationen aufgestiegen und wieder gefallen sind, Städte gebaut und wieder vernichtet worden sind, Tierformen aufgetaucht sind, die dann ihre Erfahrungen gemacht haben und in andere Lebensformen verwandelt worden sind.

Während dieser langen Erfahrungen des Wachstums und der Entwicklung eurer Welt sind Menschenrassen gekommen, haben ihre endgültige Entwicklung in ihren Erkenntnissen erlangt, und ihre Erkenntnisse sind verwandelt worden, so daß sie voranschreiten können in andere Welten der Erfahrung.

Die Erde ist alt. Sie ist älter, als ihr vielleicht wißt. Sie hat auf ihrem Rücken viele Lebensformen getragen. Sie hat das Auftauchen großer Freude erlebt; sie hat die Tränen großen Kummers gesehen; trotzdem bleibt der Erdenkörper bestehen, denn er ist ein Ort der Erfahrungen.

Die Erde ist ein Planet des Opferns und der Läuterung. Die Erde wird so lange bestehen, bis sie nicht mehr eine nützliche Schule für Geistwesen ist, die Läuterung brauchen und die Lektionen über das Opfern lernen müssen. Die Erde wird bestehen, bis der Äther gereinigt und umgewandelt und in Liebe, die im Herzen der Menschen wächst, gebadet ist. Die Erde wird so lange bestehen, bis der Meisterschöpfer den Erdenplaneten nicht mehr in seinen vielen Welten schöpferischen Lebens und der Erfahrungen gebrauchen kann.

Erhebt euer Bewußtsein in die großen Lebensströme und sagt: »Alles ist in Ordnung, alles muß in Ordnung sein, damit wir sind ein Teil eines größeren Universums, als wir je sehen und kennen können, während wir an das irdische Bewußtsein und an irdische Gedanken gekettet sind.«

Laßt eure Gedanken manchmal bei den großen Strömen von Licht und Liebe verweilen, die von den Planeten des Lichtes hinunter auf die Erde fließen und weiter von der Erde hin zu den Planeten des Dunkels, damit diese dunkleren Planeten durch das Licht, das vom Erdenkörper selbst ausströmt, erleuchtet werden können.

Erhebt manchmal eure Gedanken hin zu den großen Lichtströmen, die durch den Sternenraum fließen und die eure irdische Welt hier mit breiten Lichtbändern und großen Lebensströmen durchdringen.

Denkt darüber nach und sendet das Lichtband und den Lebensstrom immer weiter – gesegnet durch eure Erkenntnis und geheiligt durch eure Gedanken. Dann können sie – das Lichtband und der Lebensstrom – von der Erde weiter hinausfließen, angereichert und gesegnet durch die Erkenntnis von geistigen Wesenheiten, die in dem Wissen wachsen, daß sie machtvoll und erkenntnisreich sind.

Die Nachfolge Jesu

Ihr, die ihr euer Leben durch diesen vergänglichen Körper lebt, die ihr versucht zu lernen, wie ihr den Willen des großen Meisterschöpfers tun könnt, ihr sollt wissen: Während ihr hier lebt, in diesem Dasein seid, spielt ihr eine bestimmte Rolle bei dieser wunderbaren erlösenden und umwandelnden Macht, welche in allen erschaffenen Welten wirksam ist. Ihr spielt eure Rolle, indem ihr bewußt eure Seele, euren Sinn, ja euer ganzes Bewußtsein den hohen Mächten des Geistes öffnet. Dadurch kann ihre Macht, ihr Licht und ihre Weisheit in die Welt der offenbarten Materie durch euch eindringen, um sie zu reinigen, zu harmonisieren, sie wirklich zu erlösen.

So wie es jetzt bei euch ist, ist es schon immer in allen Zeitaltern des Wachstums der Erde gewesen. Genauso war es bei eurem geliebten und verehrten Meister Jesus. Langsam konnte die Vergeistigung seines Wesens durch den Christus, der das Symbol der Liebeskraft ist, stattfinden. So konnte die Vergeistigung mit geistiger Macht – wohin er auch immer ging – die Wiederherstellung der Harmonie bei den irdischen Wesen, denen er begegnete, bewirkt werden. Wenn er die Hände ausstreckte, um die Kranken zu berühren, dann gingen die Christuskräfte von ihm in Lichtstrahlen aus. Diese Macht durchdrang die Kranken und stellte Harmonie und Gesundheit im Körper und in der Seele wieder her, die im irdischen Dasein in Unordnung gekommen und krank geworden waren.

Durch die Durchgeistigung mit der Macht Gottes, wie sie bei Jesus stattgefunden hatte, konnte die Wahrheit so mächtig durchdringen, daß sie etwas von der Unwissenheit und der harten Orthodoxie, die Sinn und Seele der Menschen seiner Zeit gefangenhielten, durchschneiden und abtrennen konnte.

Aber aufgrund der Reinheit und Macht seines körperlichen Wesens und der Reinheit und Macht seiner Rolle geschah es noch darüber hinaus, daß da, wo er ging, durch seine Füße die Steine selbst und sogar die Erde von dieser geistigen Kraft, welche durch ihn hindurchströmte, angeführt wurden. Sogar das lebendige Laub und die Bäume wurden von dieser geistigen Kraft berührt. So ist es geschehen, daß in der Schnelligkeit und in der Macht der Schwingungskräfte, die durch sein Wesen freigesetzt wurden, sogar das Land selbst durch die Christusmacht vergeistigt wurde. Es fand eine Vergeistigung mit der großen Weisheit und Wahrheit statt, die so groß war, daß sie dort geblieben ist; sie bleibt der Luft und dem Land selbst durch all die Jahre eingeprägt. Alle Menschen, die über dieses Land gegangen sind, die geweint und gelacht, getanzt und geliebt haben, können nicht den Eindruck auslöschen, der durch Jesus hinterlassen worden ist.

Ich möchte euch sagen: Weil Jesus so ein mächtiger Übermittler der Christuskraft war, bleibt das Land ein Symbol für die Menschen. Licht und Macht werden oft in die irdische Welt hineingestrahlt, die von dem Eindruck, den die heiligen Füße auf dem Land hinterlassen haben, das als ›Heiliges Land‹ bekannt geworden ist, ausgehen.

Ihr, die ihr im irdischen Leben steht, sagt oft, daß die Rolle Jesu aus dem Heilen bestand, das sich durch seine Hände und sein Wesen offenbarte. Ich möchte euch aber sagen, daß Heilungen gleicher Art zu allen Zeiten der Erdgeschichte durch Männer und Frauen stattgefunden haben; das Heilen wird auch heute noch in eurer irdischen Welt offenbar. Auch seine Macht, tief in die Seelen der Menschen zu sehen, setzte sich unter den Mystikern, Sehern und Medien fort.

Seine wahre Macht lag darin, daß er von dieser großen Kraft göttlicher Liebe durchgeistigt werden konnte. Als diese Kraft sich sogar in die Natur der Erde selbst eingeprägt hatte, wurde allmählich die Liebe verstanden und angenommen als eine Kraft von großem Wert und Heilkraft und Schönheit. Es ist diese Liebe, die noch heute die Seele und das Herz und das Wesen der Völker auf der Erde und die in der geistigen Welt Lebenden inspiriert.

Darum möchte ich sagen, ihr solltet aus diesen Dingen lernen. Ihr solltet versuchen, durch Opfer und Liebe eure Seele und euer Herz dem großen Geist göttlicher Liebe und göttlichen Lichts zu öffnen, damit er anfängt, in euch einzufließen und durch euch hindurchzufließen. Wo ihr dann auch immer geht, möge Harmonie unter den Menschenkindern wiederhergestellt werden und mögen die Erdenkinder wieder geheilt werden.

›Gesegnet sind die Friedenstifter.‹ Das waren die Worte des Meisterlehrers selbst. Dennoch – wie viele von euch wissen, wie man ein Friedenstifter wird? Der Wunsch nach Frieden sollte so fest in eurem

Herzen eingeprägt sein, daß er wie ein kleiner Zweig des Myrtenbaumes ist. Er wächst, entfaltet sich und wächst weiter und bringt Blätter und Blüten in einer Atmosphäre des Friedens hervor. Möge es bei euch genauso sein! Wohin ihr auch immer gehen möget, wird Streit aufhören, und bittere Worte können in eurer Gegenwart nicht gesprochen werden, weil eure Friedensdurchgeistigung so stark ist. Wenn ihr es versteht, ein Friedenstifter zu sein, und Frieden ausstrahlt und verursacht, wohin ihr auch immer geht, dann können die Friedensbringer in der geistigen Welt ihren Einfluß auf euch ausüben, und ihre Gedanken werden euren Gedanken mitgeteilt. Ihr werdet dann so von den Friedensbringern aus der geistigen Welt durchgeistigt werden, daß man über euch sagen wird: Wo er auch geht, wo sie auch geht, der Friede begleitet sie, Harmonie und Liebe und Freundschaft folgen, wie ein stiller Diener seinem Meister folgt; denn Harmonie, Friede und Freundschaft sind die Mächte, die den Friedenstiftern auf Erden genauso dienen wie den Friedenstiftern in der geistigen Welt.

Wenn man von euch sagt, wenn ihr da seid, ist eine Atmosphäre des Friedens, dann möchte ich sagen, daß ihr von den großen Friedensmächten des Geistes durchgeistigt werdet. Das ist es wahrlich, was die Erde braucht.

Es kann auch sein, daß euer Wunsch zu heilen und zu harmonisieren so groß ist, daß ihr fortwährend von dem Wunsch erfüllt seid, Krankheit zu heilen und die Schmerzen der irdischen Leidenden zu lindern. Wenn ihr die Seele dem Einfluß der geistigen

Heiler öffnet, so fangen sie an, euch zu durchgeistigen, so daß euer Körper über die Aura Strahlen erneuernden Lebens und Heilung abgibt. Dann löst sich das kranke Gewebe auf, um durch neues, harmonisches und gesundes Gewebe ersetzt zu werden. Der körperliche Schmerz verschwindet, weil ihr die heilende Durchgeistigung ausstrahlt. Das ist dann das Übermitteln von Liebe, Heilung, Frieden, Macht, schöpferischer Energie, Weisheit und Wahrheit. Hierin liegt die wahre Erlösung, das Harmonisieren und die Wiedererschaffung der Atome eurer Erde.

Dieses war es, was der Meister Jesus der Erde vorlebte, nämlich was erreicht werden kann, wenn die Seele und der Körper sich in wahrer und schöner Hingebung der Arbeit des wahren und richtigen Übermittelns widmen.

Der Meister Jesus hinterließ seine Botschaft für die Erdenkinder, daß sie danach leben sollten, nicht als eine schöne Idee, nebulös im Sinn, sondern als eine Wirklichkeit, welche sich durch den Körper, die Seele und durch das lebendige Leben jedes einzelnen Individuums auf Erden ausdrücken kann.

Wenn das stattfindet, fangen Schrecken und Ängste an, still hinwegzusterben. Dann wird die Erde langsam aber sicher durch das Stadium der Umwandlung in Licht und Harmonie umgewandelt. Das ist nicht leicht für euch wahrzunehmen, weil eure Augen noch durch das materielle Leben blind sind.

Aber so, wie wir es aus den geistigen Höhen sehen, können wir tatsächlich sagen: Es gibt Hoffnung, es gibt Freude, es gibt Heilung durch die Übermittler des Geistigen, die heute in eurer irdischen Welt an der Arbeit sind.

Den Herrn lieben

Liebe Brüder und Schwestern, wir freuen uns, wieder mit euch in Verbindung treten zu können. Wir möchten die Gedanken, die wir von euch aufnehmen, und unsere Lehre, die wir denen geben, deren Gedanken wir aufnehmen, zu einem Wortgebäude aufbauen. Uns scheint, daß in der letzten Zeit viel über die wahre Natur des Meisters Jesus und über die wahre Lage in dem Reich, von dem ihr sagt, daß es der Ort des Nazareners sei, geredet und gefragt wird. Es gibt in eurem Erdenreich Leute, die sagen und fragen: »Ist der Nazarener wirklich dem Leben der Menschen nahe? Wirkt der Nazarener wirklich in dem Reich, das der Erde nahe ist? Oder ist er in seinem eigenen Reich des geistigen Lichts und der geistigen Macht?«

Ich möchte euch sagen, meine Lieben, daß es wirklich wahr ist, daß der Nazarener der Erde ganz nahe ist. Er versucht, dem Bewußtsein derer, die ihn lieben, eine wahre Lehre, eine wahre Erkenntnis über das Heilen des Körpers und der Seele und über das wahre Heilen der Leiden und Schmerzen der Erde einzuprägen. Das bedeutet aber nicht, daß jeder inkarnierte Mensch den ihm eigenen Einfluß und den ihm eigenen Strahl empfangen kann.

Es wäre gut, wenn ihr, die ihr die geistigen Dinge lernt und studiert, daran denken würdet, daß es ein großes und wahres Gesetz gibt, das sagt: Das, was du liebst, kann durch deine Gedanken erreicht werden.

Wahrlich sind es das Geheiß des Herzens und die Konzentration der Gedanken, die euch mit denen in Verbindung bringen, die euch Kraft, Heiligkeit und Macht übermitteln können. Ich möchte euch aber sagen, daß von denen, die eine tiefe Ehrfurcht in Liebe diesem Meister gegenüber entwickelt haben, ein ganz reines, silbernes Licht in der Stille des Gebetes in die geistige Atmosphäre ausstrahlt. Dann ist sich derjenige, an den sich ihre Gedanken im Gebet richten, der Art des Gebetes und der tiefen Liebe bewußt. Er sendet dann solch einer andächtigen Seele den Segen und die Kraft, um die sie betet und die benötigt werden. Gibt es nicht in eurer großen Kirchenorganisation das, was man mit der ›Gemeinschaft der Heiligen‹ bezeichnet? Damit werden die Völker der Erde angeleitet, ihre Gedanken und ihre konzentrierten Bemühungen auf eine Seele zu konzentrieren, die während ihrer irdischen Erfahrungen einen hohen Grad der Heiligkeit, der Erkenntnis und der Kraft, sich zu opfern, erlangt hat. Wahrlich möchten wir euch sagen, daß solche Gebete, solche Gedanken und Bitten, die sich an jemanden in der geistigen Welt richten, mittels des reinen silbernen Lichts, das das Gebet in das Zentrum hinaufschwingt, registriert und empfangen werden. Es ist sogar so, daß diejenigen, die einen Heiligen als Schutzpatron haben, auch den Segen der Persönlichkeit erhalten, an die sie denken – wenn der Gedanke mit den Flügeln der Liebe beschwingt ist.

Wenn ihr euch nun über die Nähe des Nazareners unterhaltet und danach fragt, oder wenn ihr über euren Glauben an die Nähe irgendeines Lehrers sprecht, so denkt immer daran: Diese Seelen leben immer noch im geistigen Reich; sie versammeln immer noch diejenigen um sich, die sie lieben; diese fahren immer noch fort, die Arbeit fortzusetzen, die von solchen Lehrern, über die wir hier sprechen, begonnen wurde. Darum gibt es in dem großen Sommerland, aus dem wir kommen, um mit euch zu sprechen, keine Städte, sondern Orte – wunderbare Tempel des Lichts. In einem dieser Tempel ist der, den ihr euren Meister Jesus nennt. Der Nazarener, der dort wohnt, strahlt in Frieden seine Liebe zu all den Seelen aus, die ihn lieben. Um ihn herum befinden sich in strahlenden Kreisen, die sich immer mehr erweitern, die von wunderbarer Farbe und Licht sind, die Geistwesen, die ihn während all der Jahrhunderte eurer Zeitrechnung lieben und ihm dienen. Einige von ihnen sind in ein wunderbares silbernes Gewand gekleidet, manchmal ist es von zartem Blau, manchmal hat es eine goldene Strahlung; für viele gibt es das Gewand in zartem Rosa, das die Fähigkeit anzeigt, sich für die Liebe in aller Schlichtheit zu opfern. In diesem großen Christusreich des Lichts fließt von dem Zentrum der Liebe Liebe hin zu all den vielen, die sich dort befinden und umkreist und durchdringt sie. Sie fließt immer weiter zu den anderen, die sie an den außen gelegenen Orten und an den dunkleren Orten empfangen können. Ebenso ist es hier in eurem Erdenreich: Die zu diesem Zentrum in Liebe schauen, empfangen etwas von jener Liebeskraft, die von dort ausgegossen wird.

Ich möchte euch sagen, daß die Schönheit dieser Liebe darin besteht, daß es so ist wie bei denen, die sich auf der Erde lieben: Sie werden sich ähnlich, weil sie treu versuchen, die Qualitäten, die sie in dem Geliebten sehen, nachzuahmen. In dieser großen Christussphäre können diejenigen, die den Meister mit einer starken Liebe lieben, eine Ähnlichkeit mit ihm bekommen. Sie können eine Strahlung aussenden, die seiner Strahlung gleich ist, so daß einige, die sie treffen, sagen: Wahrlich, ist dies nicht der Nazarener? Ist es nicht der Meister selbst? Wer kann den Geliebten von dem ihn Liebenden unterscheiden? Wer kann sagen, worin das Getrenntsein sich ausdrückt? Niemand kann das sagen, denn in diesem mächtigen Christusreich der Liebe herrschen solch eine Einheit, Kraft und Schönheit, daß viele, die hinausgehen, um zu dienen und sich dem Erdenreich zu nähern, und diejenigen, die hier auf Erden den Nazarener lieben, eine große Ähnlichkeit mit ihm haben. Die große Ähnlichkeit mit ihm veranlaßt die Menschen zu sagen: »Wahrhaftig ist der Herr unter uns gewesen.« Meine Lieben, denkt gut über diese Dinge nach, denn es ist wirklich wahr, daß der Geist des Nazareners noch der Erde nahe ist. Wenn wir aber sagen ›der Geist des Nazareners‹, so meinen wir nicht unbedingt, daß der Geist in der Form, in der er einst im Körper war, der Erde nahe wäre. Wir meinen eher, daß die vielen Lieben, die in der mächtigen Geistgruppe arbeiten, diese Geister des Nazareners, sich der Erde nähern, um zu segnen, zu heiligen, zu erleuchten und um die vielen Disharmonien und Mißverständnisse unter den inkarnierten Menschen zu heilen.

Darum möchte ich euch sagen: Fürchtet euch nicht, wenn ihr im Gebet eure Gedanken auf dieses Zentrum lenken möchtet. Wenn aber eure Religion und euer Glaube und eure Erkenntnis sich auf einen anderen Lehrer, einen anderen großen Meister konzentrieren, dann denkt auch daran, daß an dem anderen Meister und an allen Lehrern diejenigen hängen, die wahrhaftig lieben, die in Wahrheit dienen. Denn in dem großen Sommerland des Lichtes befinden sich die gesegneten Lichtsphären, die mächtigen Kreise dienender Geister; jeder von ihnen strahlt von dem Zentrum aus, das das Zentrum von dem Meister ist, den er liebt und von dem er zu Opfertaten und zu einer heiligen Kraft der Freude inspiriert worden ist.

Dienen mit Weisheit

Alles, was wir aus den geistigen Reichen tun können, um den Kindern im irdischen Dasein zu helfen, besteht nur daraus, in ihnen die eigene schlafende Kraft und ihre eigene innere Kraft in Bewegung zu bringen – sie zu stimulieren. Dadurch erhält jeder den Mut, eine Erfahrung durchzustehen oder von einer Erfahrung zur nächsten fortzuschreiten. Das ist der Grund dafür, daß wir – wenn wir kommen und sagen, daß wir euch helfen werden – nicht die Absicht haben, eure Lebensbedingungen zu ändern. Wir versuchen vielmehr, euch zu ändern, damit ihr diese Umstände ertragen lernt, damit ihr anfangt, gemäß dem Höchsten und Edelsten in euch zu leben, damit ihr etwas vom harmonisierenden Geist in eure Umgebung hineinbringen könnt – etwas von der Schönheit, die ihr von ›oben‹ bekommt. Denn jetzt in der Schönheit der geistigen Erkenntnis haben wir verstanden, daß die wahre Bedeutung der Hilfe, die ein Geistwesen einem anderen geben kann, nicht ist, ihm seine Lasten oder schweren Lebensbedingungen abzunehmen; vielmehr liegt die Bedeutung darin, dem anderen ein solches Maß an Verständnis zu übermitteln, daß er sie ertragen kann und seinen Weg durch die Erfahrungen hindurch zu Triumph und Frohlocken über die Überwindung gehen kann.

Wir versuchen euch klarzumachen, daß Sorgen und Kummer die Mittel sind, Erfahrungen zu sammeln. Das Erfahren der Erschöpfung des physischen Körpers zum Beispiel ist einfach eine Art, innere Stärke zu erlangen und stark für die Zukunft zu werden.

Darum möchte ich allen Erdenkindern sagen, die anderen im irdischen Körper helfen und sie lieben wollen: Habt Weisheit, meine Lieben, und merkt euch, daß ihr dem anderen nicht immer dadurch helft, daß ihr ihm sein Leid abnehmt – und damit seine Erfahrung – oder ihn vor Kummer und Sorgen schützt oder ihm seinen Leidensweg leichtmacht.

Ihr helft euren Mitmenschen, indem ihr sie lehrt, wie sie sich selbst helfen können, wie sie aus der großen Kraftquelle schöpfen können und wie sie im Notfall eigene Muster aus Erkenntnis und Weisheit anwenden können.

Diese Belehrung wurde euch vor langer Zeit gegeben, als die Seiten des alten Bibelbuches geschrieben wurden. Darin findet ihr die Geschichte des großen Helfers, der an ein Tor kam, unter dem ein Mann lag, der wegen der Gebrechlichkeit seines Körpers nur noch um Essen und um Geld betteln konnte. In eurer alten Schrift wird nun berichtet, daß der Bettler Petrus, als dieser sich näherte, anrief und sagte: »Gib mir von deinem Reichtum, habe Mitleid mit meinem Leiden.« Aber Petrus hatte seine Lektion an der Seite des Meisterlehrers Jesus gelernt, und darum antwortete er dem Bettler: »Silber und Gold habe ich nicht; was ich aber habe, da gebe ich dir.« Denn er wußte, daß das Geben von Silber und Gold das Leid dieses Mannes nur für kurze Zeit lindern konnte, während der er vom Betteln befreit sein würde. Dann kanalisierte er die große Macht seiner Liebe in die Heilung dieses kranken Menschen und stellte ihn auf seine eigenen Füße, so daß er sich selbst helfen konnte, daß er wieder gehen konnte, seine Hände gebrauchen konnte, wodurch es ihm möglich war, sein eigenes Silber und Gold zu verdienen. Indem er ihn auf den Weg gebracht hatte, sich selbst zu helfen, gab Petrus ihm die Fülle, die absolute Fülle geistiger Hilfe.

Darum möchten wir euch immer wieder sagen, daß die Art, wie ihr euch gegenwärtig helfen müßt, darin besteht, einfach dem anderen treu zur Seite zu stehen und ihm zu helfen, sich selbst zu helfen. Es hilft den jungen Menschen nicht, ihnen genug Waren und Geld zu geben, so daß sie nicht für das, was sie benötigen und wünschen, arbeiten müssen. Es macht sie nicht stark, wenn ihr Bett zum Schlafen ohne ihre eigene Anstrengung und Arbeit gemacht ist. Die weisen Männer und Frauen im irdischen Leben sind diejenigen, die gelernt haben, denen, die sie lieben, zur Seite zu stehen, nur um zu sehen, wo sie gestärkt werden müssen, um ihre Schwächen zu überwinden, wo die Stärke mit Sanftheit gepaart werden soll, wo die Erkenntnis in Weisheit erweitert werden kann und wo die Dunkelheit mit einem Schimmer der Hoffnung erhellt werden kann.

Die wahre Weise, in der ihr auf Erden und wir im geistigen Reich einander helfen können, besteht aus einem Danebenstehen und dem Geben von Hoffnung, wenn alles hoffnungslos erscheint. Wenn ihr ein paar Worte der Hoffnung in das Bewußtsein desjenigen bringen könnt, der meint, alles sei verloren, dann laßt ihr diesem wahrhaftig Hilfe zuteil werden. Eine andere Weise, auf welche ihr einem Bruder oder einer Schwester helfen könnt, besteht aus einer Unterstützung, wenn sie aus Schwäche oder Verzweiflung niedergeschlagen sind, indem ihr ihnen Kraft gebt, damit sie die Fähigkeit erhalten, von einem Tag zum nächsten durchzuhalten, eine Woche nach der anderen durchzustehen, bis die Zeit der Versuchung vorbei, überstanden ist.

Dies bedeutet, wahre Hilfe leisten. Aber daß man jetzt auf eurer irdischen Welt das Versorgen mit Nahrung als Hilfe ansieht, ist nicht immer die wahre Art, der Menschheit zu helfen. Denn einander nur einfach mit Nahrung zu versorgen, damit der Hunger gestillt wird, ist nur die Hälfte der Hilfe. Natürlich müßt ihr die Hungernden mit Nahrung versorgen, aber ihr müßt sie auch lehren, wie sie selbst ihre eigene Nahrung herstellen und selbst ihr Geld verdienen können, das Geld, mit dem sie ihren Lebensunterhalt bestreiten können.

Wahrlich, ich möchte euch sagen, daß die Hilfe für euren Nächsten, für das Tier und für die Vegetation, die euch umgibt, aus Liebestaten bestehen sollte, die in Weisheit und Liebe ausgeführt werden. Ihr solltet erkennen, daß alles, was ihr tun könnt, nur die gegenseitige Hilfe und das Wiederherstellen des Ausgewogenseins zwischen Mensch und Tier und Natur selbst ist.

Wir hier in der geistigen Welt lieben euch; in unserer Liebe versuchen wir, euch zu helfen. Aber unsere Liebestaten bestehen nicht aus dem Geben von Münzen oder dem Hinwegnehmen eurer Verantwortung, sondern daraus, daß wir euch zur Seite stehen, euch Kraft verleihen, Hoffnung in euch erwekken, euch Trost zukommen lassen, Licht auf euch ausgießen und eure Welt mit den Strahlen des Friedens durchdringen. Wir wissen, daß durch geistige Beeinflussung ihr selbst langsam aber sicher stärker werdet und aus eigener Kraft als herrlicher Geist euren Mann stehen könnt. Dann könnt ihr aus eigener Erfahrung des Leidens den Wunsch und die Fähigkeit entwickeln, andere zu trösten. Indem ihr von uns ein bestimmtes Maß an Frieden erwartet und erhaltet, könnt ihr diesen Frieden an andere Menschen in eurem irdischen Bereich weitergeben.

Also möchte ich euch sagen: Bemüht euch stets zu versuchen, einander zu helfen, aber seid weise in eurer Hilfe. Wisset, wenn ihr durch euer Dienen und Helfen selbst hinuntergezogen und erschöpft werdet, daß ihr dann nicht in Weisheit dient und helft, weil ihr dann dem anderen nicht zur Erkenntnis und zur Fähigkeit verhelft, sich selbst zu helfen.

Die Schätze der Seele

Ist es nicht wahr, daß jeder, der die vielen Veränderungen des irdischen Daseins durchmacht, tatsächlich einen Erfahrungsschatz sammelt? Dieser Erfahrungsschatz unterscheidet sich erheblich von dem Schatz, den ihr als irdischen Schatz bezeichnet. Auf eurer irdischen Welt beurteilt ihr den Erfolg eines Lebens nach dem Reichtum, den eine Person anhäufen konnte; ihr urteilt nach der Anerkennung, die die Menge ihr zollt; ihr beurteilt ihren Erfolg nach ihrem Heim und ihren Besitztümern. Aber in der geistigen Welt betrachten wir den Erfolg einer Inkarnation ganz anders, denn wir schätzen den Erfolg nicht so sehr danach ab, was der Mensch erlangt hat, sondern danach, was diese Person gegeben hat, nicht nach dem angehäuften materiellen Schatz, sondern nach dem Schatz, der in die Seele, das Herz und die Hände der sie umgebenden Menschheit ausgeschüttet worden ist. So erhielt diese Seele die Gelegenheit, das Lob ihrer Mitmenschen zu erlangen – aber mehr als das: Sie lernte, aus dem Schatz ihrer Seele den Schwachen Ermutigung zu geben, denen, die keine Freude mehr in ihrem Inneren hatten, das Lachen zurückzugeben, vor allem aber das Teilnehmenlassen an der Wahrheit, so wie sie gelernt hatte, die Wahrheit zu verstehen, als sie die Dinge erfuhr, die wir mitzuteilen hatten. Darum möchte ich euch sagen: Diese Inkarnation war eine erfolgreiche Inkarnation, obgleich sie Zeiten des Kummers, der Enttäuschung, der Erschöpfung und auch die Bitterkeit von Verlusten kannte. Das alles gehörte mit zu den Erfahrungen der Seele, genauso wie dies ein Teil eurer Erfahrungen sein wird in den verschiedenen Jahren eures irdischen Lebens.

Ich möchte sagen: Wenn ihr erfolgreich lebt und wenn ihr die Fülle des Erfahrungsschatzes erlangen wollt während dieser kurzen Jahre eures irdischen Lebens, dann müßt ihr tatsächlich lernen, euch zu verschwenden und einen Teil eurer inneren Talente wegzugeben und euer Leben nicht so sehr nach dem zu beurteilen, was ihr erlangt, sondern mehr nach dem, was ihr geben könnt. Denn die Wichtigkeit eurer Lebensinkarnation besteht zuallererst darin, daß der Geist lernt, wie er in die Erfahrung der irdischen Welt eintritt – indem er sich des physischen Körpers bemächtigt – und wie er seinen Willen und seine Wünsche durch das sterbliche Wesen kundgeben kann. Nachdem die Seele von dem Körper Besitz ergriffen hat, wird sie in den großen Strom der Gedanken, der Ideen und Ideale, die sich auf das irdische Dasein beziehen, hineingezogen. Oft verliert der

Geist die Absicht aus den Augen von dem, was er erreichen wollte, weil er das Gefühl hat, daß er das tun müsse, was jeder andere tut, und daß er das erlangen sollte, was alle anderen erlangen. Nur in der schweren Schule der Erfahrungen erinnert der Geist sich langsam aber sicher an seinen eigenen wahren Zweck, und er erreicht wieder die Vollständigkeit seines Wunsches, den er hatte, als er das irdische Leben betrat. Er wollte der Welt einen Teil seines Einflusses geben, der die Welt, in die er eintrat, bereichern sollte.

So bereichert die Kinderseele die irdische Welt durch ihre Lauterkeit, durch ihre Unkompliziertheit und Fröhlichkeit; dieses ist dann der Schatz, den diese Seele mit ihrer Umwelt teilt. Wenn dann die Seele in das Erwachsenenalter hineingreift, lernt sie, wie sie der sie umgebenden Welt die Zartheit der Liebe oder die Treue der Freundschaft oder die Kraft der eigenen Ausdauer oder das Licht ihres eigenen Wissens oder das Teilen der eigenen inneren Weisheiten geben kann. Dieses ist ein Teil des Schatzes der Jugend. Wenn nun die Jahre vorübergehen und der Körper reift und die Seele anfängt, sich ihrer eigentlichen Absicht bewußt zu werden, dann beginnt sie, andere Schätze im Familienleben und in der Gemeinschaft, die sie umgibt, zu geben. Dieses ist dann oft der Schatz der Loyalität, der Treue, des Mutes, der Stärke; es ist die Fähigkeit, den schwankenden Willen derjenigen zu stärken, die jünger im Wissen sind und die noch nicht zum vollen Verständnis dessen gekommen sind, was sie als Schatz in die großen Ströme des menschlichen Daseins zu geben haben.

Dann wiederum – mit dem Vergehen der Jahre – kommt eine Reifung der Seele und des Bewußtseins von Trennung; es kommen die Sanftheit der Tränen und dann Einsamkeit und das Alleinsein, Schmerz und Verlust. Dieses alles bedeutet auch Erfahrung für den Geist, der sich inkarniert hat. Jedoch lernt der Geist hinwiederum – indem er diese Dinge erfährt –, der Welt den großen Schatz des Friedens zu geben.

Wenn die Wunschstürme vorbei sind und die Bitterkeit von Verlusten erfahren wurde und die Philosophie des wahren Lebens in dieser Persönlichkeit entwickelt wurde, dann wird das Bewußtsein des Geistes wieder in der Seele gefestigt. Dadurch beginnt der Geist zu wünschen, der Welt die Fülle seiner Wirklichkeit, die Vollständigkeit des Schatzes seiner Erfahrungen – nämlich die innere Ruhe und das Annehmen des Schicksals, woraus die reinigenden Ströme des Friedens quellen – zu geben. Dieses bedeutet das Abgeben des Erfahrungsschatzes, so daß dieser sich auf die ihn umgebende Menschheit verschwenderisch ergießt. Es bedeutet persönliche Einflußnahme, das Ausstrecken der Freundschaftshand, das Berühren der Lippen in sanfter Liebe, die Benutzung der Macht der Gedanken, damit sie heilen, segnen und harmonisieren mögen. Dieses ist der Schatz des inkarnierten Geistes, der weise und gut das irdische Dasein lebt.

Darum möchte ich euch sagen: Es ist gut und richtig, daß ihr lernen sollt, wie man den Sinn des irdischen Lebens erlernt und wie ihr das, was gut in euch ist, in den großen Lebensstrom, der euch umgibt, angeben könnt; denn ihr könnt nicht nur für euch allein leben, da ihr ein Teil des großen fließenden Lebensstromes seid, der durch die miteinander verbundene gesamte Seele der ganzen Menschheit fließt. Ihr denkt vielleicht, daß sich euer Kummer nur auf euch als Einzelwesen bezieht. Aber wenn ihr euer Herz öffnet und euer Bewußtsein erweitert, entdeckt ihr, daß alle Seelen Kummer erfahren. Wenn ihr aber euer Herz der Freude öffnet, werdet ihr euch des großen Freudenstromes bewußt, der auch durch die lebendige Seele der ganzen Menschheit fließt. Ihr seid alle ein Teil der anderen, vereinigt durch die Ströme lebendigen Einflusses. Obgleich ihr denkt, daß ihr allein und von den anderen getrennt seid, so entspricht das nicht der Wahrheit; denn eure Gedanken gehen hinaus und beeinflussen diejenigen, die euch nahestehen – genauso wie ihr durch die Gedanken und die Liebe beeinflußt werdet, die sie euch senden. Es ist wichtig, daß diese große lebendige Seele eurer irdischen Welt aufgeladen wird mit dem Guten und erfüllt wird mit strahlendem Licht – und daß Licht, Freude und Liebe der Schatz werden möge, den ihr der Welt um euch herum gebt.

Wenn ihr nun versucht, von eurem Schatz der Liebe und eurem Schatz des Guten abzugeben, wird er die Menschen, die ihr trefft, bereichern. Aber ihr bereichert auch die Naturschöpfung, in deren Mitte ihr lebt. Denn der Einfluß, der von eurer lebendigen Aura ausgeht, kann Leben auf das Grün übertragen, auf dem eure Füße ruhen, und Strahlung lebendiger Energie, um das Wachstum der Blumen und Pflanzen zu stimulieren, von denen ihr umgeben seid. Wenn euer Einfluß in Form von lebendiger Energie durch euren Seelenkörper – eure Aura – hinausgeht, erweckt er Freude in den Tierwesen, die ihr trefft, so daß sie die Augen auf euch richten im freudigen Erkennen des Guten, das ihr ausstrahlt. Wenn nun euer Abgeben und eure Harmonie vollkommen sind, werden sogar die Singvögel, die in den Zweigen der Bäume sitzen, sich der Strahlen der Liebe bewußt und werden sich manchmal auf eure Hand setzen in Anerkennung eurer Einheit mit ihnen. Dieses Einssein mit der euch umgebenden Welt und dieses Abgeben des Guten in die Welt um euch herum sind Zeichen und Symbol für die erfolgreiche und glückliche Inkarnation, die weise und gut gelebt wird.

Meine lieben Freunde, lebt wie ein Kind und gebt von der euch eigenen Qualität des Guten ab und seid nicht niedergedrückt, wenn diejenigen, die euch umgeben, sich weigern, das anzunehmen, was ihr gebt. Wisset, daß es eure Aufgabe ist, zu geben und immer wieder zu geben. Verströmt die Lilie nicht ihren Duft in die warme Sommerluft, wenn sie voll erblüht ist? Verströmt sie ihren Duft nicht auch in die kühlere Luft des Windes? Wenn nun einige ihn einatmen, ohne ihn bewußt zu genießen, so hält das die Lilie nicht davon ab, diesen Duft zu verströmen. Denn es liegt in der Natur ihres Blühens, daß die Lilie ihre Seele in Schönheit verströmt. So ist es die Natur der Seele, ihren Frieden, ihre Liebe und ihr Licht abzugeben. So solltet auch ihr das Gute in euch in die Atmosphäre eurer irdischen Welt hinaussenden. Wenn einige eure Liebe ablehnen und einige auf euch mit Aufruhr reagieren und einige euch niederwerfen wollen, so braucht euch dieses nicht vom Geben abzuhalten, denn das Geben liegt in der Natur des Geistes. Es ist an euch, euch selbst treu zu sein, zu geben, was ihr geben könnt. Diejenigen, die euer Geben zurückweisen, werden merken, daß dies ihrem ganz eigenen Stadium des Lernens entspricht – eines Tages werden auch sie es zu schätzen wissen, was ihr gebt. Von der geistigen Welt aus sage ich: Wenn ihr verschwenderisch gebt und euch in Liebe verausgabt, gehen Lichtstrahlen, große Wellen der Liebe und zarte Schwingungen wunderschöner Freude von euch aus in den Äther eurer Welt und bereichern eure Welt und bringen der Seele eurer Erde Freude und Heiligung.

Das Geheimnis der Zufriedenheit

Liebe Brüder und Schwestern, wahrlich sage ich euch: Es gibt verschiedene Maße der Zufriedenheit, und es gibt verschiedene Manifestationen des Friedens. Da gibt es den Frieden der Pflanze, während sie auf dem Felde wächst – eingehüllt in die Wärme der Sonne und ernährt von der heilenden Feuchtigkeit des Regens. Diese Pflanze ist zufrieden, weil sie in ihrer natürlichen Umgebung ist. Sie wächst und entwickelt sich gemäß dem Gesetz des großen Meisterschöpfers, der das Muster für ihr Dasein gebildet hat.

Es herrscht Frieden, eine Zufriedenheit im Wesen des Tieres, während es im Schatten des mächtigen Baumes ruht, der seinen Körper vor der Hitze des Sonnenlichtes und dem Wehen des Windes beschützt und behütet. Während es in diesem Schatten ruht, ist solch ein Tier zufrieden, denn es ist satt, weil es genügend Nahrung, die es braucht, aufgenommen hat. Es ist sich bewußt, daß es auf diesem geschützten Platz, der vom Menschen geschaffen wurde, sicher ist, solange es die Ansprüche des Menschen, den das Tier als seinen Meister anerkennt, erfüllt. Die Zufriedenheit solch eines Tiergeschöpfes beruht darauf, daß sein Körper zufriedengestellt ist, daß es sich in seiner Umgebung sicher fühlt, daß es mit seiner Intelligenz das Gesetz befolgt, das der Mensch – sein Meister – aufgestellt hat.

Würdet ihr sagen, daß das die Zufriedenheit ist, nach der der Mensch verlangt? Findet man die Zufriedenheit des Menschenwesens in dieser Ruhe der Pflanze oder in der Zufriedenstellung der körperlichen Bedürfnisse des Tieres? Mit Sicherheit sind die Zufriedenheit und der Friede in der Menschenseele etwas anderes. Denn das Menschenwesen – solch ein Individuum, wie ihr es seid – ist oft mit dem erfüllt, was ihr eine ›göttliche Unzufriedenheit‹, eine ›Suche nach Wahrheit‹, eine ›Suche nach Einheit‹ nennt. Ihr sucht auch die Ruhe.

Ist es nicht wahr, ihr Lieben, daß die Seele das sucht, was zur Seele gehört? Euer Geist sucht Kontakt mit dem Zentrum und dem Ursprung des Lebens. Zentrum und Ursprung des Lebens ist der Geist selbst. Der Geist selbst ist die Macht und das

Leben des Meisterschöpfers, der der Schöpfer und Ursprung jeden Geistes ist. Er ist der Geber allen Lebens. Darum möchten wir euch sagen: Ist es nicht wahr, daß der Mensch die Erfüllung findet, wenn er auf jeder Ebene und in jedem Teil seines Wesens – das wir vom Geistigen aus als eure Person sehen – zufriedengestellt ist? Wenn ich zu euch spreche, ihr Lieben, spreche ich zu euch als Körper, Sinn und Herz, als denkende Entität, als Geist, als die Seele der Urseele. Wenn ich aber zur Pflanze spreche, die auf dem Felde wächst, dann spreche ich zu ihr, wie ich sie betrachte, nämlich als pflanzliche Materie, mit Wasser und Luft zu einem geheimnisvollen Gewebe unendlicher Freude verwoben, das ihr als Stengel, Blatt, Samen und Blüte seht. Die Zufriedenheit der Pflanze besteht aus der Freude an der Manifestation, aus der Freude am Wachstum. Wenn ich zu der Pflanze spreche, sage ich nicht zu ihr: Bist du zufrieden? Fühlst du dich wohl, und bist du in deiner Umgebung glücklich? Denn die Tatsache, daß die Pflanze wächst, die Tatsache, daß die Pflanze existiert, ist der Beweis ihrer eigenen Freude. Die Freude ist das Zeichen ihrer Manifestation.

Wenn ich zu den Geschöpfen spreche, zum Pferd oder zur Kuh, zum Schaf, zu Tieren, die ihr gut kennt, so sage ich zu so einem Tier, weil es einen anderen Bewußtseinsgrad hat: Bist du zufrieden? Bist du in deinen gegenwärtigen Umständen glücklich? Weil nun dieses Tier aus Fleisch und Blut, Knochen und Sehnen besteht und weil dem Tier Bewußtsein und Bewußtheit eigen sind, richtet das Tier die Augen auf mich, wenn ich mit ihm spreche. Tief in den

Fenstern seiner Seele sehe ich, daß es zufrieden oder schmerzerfüllt ist und der Gefangenschaft, in der es sich befindet, entfliehen möchte. Oder ich erkenne, daß das Tier sich der Freude der großen Welt, die es umgibt, bewußt ist. Dann weiß ich, daß die Zufriedenheit des Tieres – und aller anderen Tiere auf eurer irdischen Welt – aus seiner Ruhe, seinem Komfort, seiner Nahrung und dem Bewußtsein besteht, daß seine Umgebung richtig ist, daß es schmerzfrei ist. Ich weiß, daß das Tier sich meiner Gedanken, meines Bemühens um sein Wohlergehen, bewußt ist. Es ist sich meines Wesens und meiner Gedanken bewußt, die ihm Liebe und Mitgefühl entgegenbringen.

Weil ich so denke, darf ich euch sagen, daß sich die Zufriedenheit der Tiere von der der Pflanze unterscheidet.

Der Mensch unterscheidet sich nicht sehr vom Tier auf dem Felde; denn er besitzt einen Körper, der aus Fleisch und Blut, aus Sehnen und Knochen besteht, die zu einem geheimnisvollen Kleide der Seele verwoben sind, das das Äußere des Menschen ausmacht. Denn die Zusammensetzung des Menschenkörpers gleicht der Zusammensetzung des Tierkörpers. Darum besteht die Zufriedenheit des menschlichen Tieres auch aus dem Genießen von Wärme, Komfort und Essen. Aber die wahre Zufriedenheit des Menschen ist mehr als das. Er ist zufrieden erst dann, wenn er deutlich spürt, daß andere Lebewesen ihm Mitgefühl zeigen und Liebe für ihn empfinden. Das bringt in das Bewußtsein des Menschen ein Gefühl der Sicherheit, und mit diesem Gefühl der Sicherheit kommen die Zufriedenheit und der

Frieden. Aber es gibt Menschen, die in der Sicherheit ihrer Umgebung leben, Menschen, deren Körper schmerzfrei ist und die sich des Komforts und der Sicherheit des irdischen Ortes, an dem sie sich befinden, bewußt sind – trotzdem sind sie sich eines Wunsches, einer Unruhe, eines Suchens in der Seele bewußt. Darum ist solch ein Mensch immer noch ziemlich wie das Tier, das sich auf dem Felde ausruht, das möchte, daß der Herr oder die Herrin es lieben.

So ist es also mit euch.

Tief im Herzen habt ihr immer wieder den Wunsch nach Sicherheit und nach dem Wissen, daß der große Meisterschöpfer und die, die die Menschen lieben, sich um euch bemühen. Die Strahlenden in der geistigen Welt lieben euch wirklich und sind um euer Wohlergehen bemüht. Ihr habt erst das Gefühl der Erfüllung, wenn ihr euch der Sehnsucht nach der Einheit mit diesen strahlenden Mächten bewußt seid, die in einer höheren Schwingung als ihr sind. Erst dann seid ihr euch der inneren Zufriedenheit bewußt. Ich möchte euch sagen, daß ihr Menschen aus vielen Teilen besteht. Der Körper muß seinen Komfort und seine Pflege haben; der Magen muß seine Befriedigung durch Essen und Trinken haben; die Lungen müssen genügend von den lebenspendenden Kräften der Luft haben; das Herz muß seine Erfüllung durch den Austausch von Zuneigung mit anderen Menschenwesen haben; das Gemüt muß seine Erfüllung haben, indem es in die Einheit von Gemüt zu Gemüt eintritt – durch den Austausch von Gedanken und durch Unterhaltung.

Oberhalb all dieser Bestandteile des Menschen gibt es noch das höhere Bewußtsein. Das höhere Bewußtsein entwickelt sich, wenn die verschiedenen Teile sich – so wie Blüten – für höhere Grade des Bewußtseins öffnen. Dann seid ihr euch vielleicht der Einheit mit den Seelen bewußt, die höhere Grade des Bewußtseins haben als ihr. Dann merkt ihr das Hin- und Herströmen geistiger Kraft zwischen den geistigen Wesenheiten höherer Grade und euch. Es gibt noch höhere Geistwesen als diese, meine Lieben. Sie bringen euch mit dem Zentrum allen Lichtes, aller Liebe und allen Seins in Verbindung. Dann wird euer höheres Bewußtsein durch hohe geistige Gedanken genährt; dann wird euer Gehirn durch den Austausch intellektuellen Wissens genährt; das Herz wird durch den Austausch von Liebe genährt; der Körper wird durch die Aufnahme von Luft und Nahrung und Wärme genährt. Wenn ihr genügend Nahrung auf allen Ebenen habt, dann habt ihr wahrhaftig das Gefühl der Erfüllung. Aus diesem Gefühl der Ruhe entsteht das, was ihr auf eurer Welt mit Zufriedenheit bezeichnet. Es ist die Zufriedenheit des Wesens, das weiß, daß alles in Erfüllung gegangen ist. Diese Wesenheit weiß, daß sie auf allen Ebenen ihres Wesens genährt wird.

Ich möchte euch sagen, daß dies die Schönheit des Geheimnisses und eurer Suche ist. Es ist die Schönheit, daß euer höheres Wesen von der großen göttlichen Quelle genährt wird. Dieses Einströmen geistiger Kraft verursacht wirklich ein Gefühl der Erfüllung und ein Gefühl der Nahrungsaufnahme für alle niedrigeren und geringeren Teile des Wesens.

Darum kann es sein, daß ein Mensch physisch hungrig ist, doch wenn er einen Strom der göttlichen geistigen Kraft erhält, dann hat er das Gefühl, als ob er Nahrung aufnimmt – und er wird satt. Ein Mensch kann in solch einen Zustand von Trance fallen, daß er aufhört zu atmen, und die Lungen brauchen nicht mehr durch die lebenspendende Luft ernährt zu werden; aber wenn sein Bewußtsein auf die höheren geistigen Kräfte eingestimmt ist, dann fließt durch sein Wesen Leben, Leben in solch einer Fülle, daß der Körper auf geheimnisvolle Weise ernährt wird, und der Körper bleibt erhalten.

Immer haben das Tierselbst und das Seelenselbst Sehnsucht nach der Erfüllung des Kontaktes mit der großen Zentralquelle. Wenn dieser Kontakt eingetreten ist, herrscht in der Tat Zufriedenheit, göttliche Zufriedenheit in jedem Teil, jedem kleinsten Teil des Wesens.

Edelsteine des Geistes

In der Vergangenheit hat der Mensch sich selbst als einen Körper mit einem Geist, der nach dem Tode weiter existiert, betrachtet. In diesem neuen Zeitalter, in das ihr euch jetzt hineinwagt, erfahrt ihr, daß ihr bereits zu diesem Zeitpunkt, genau an diesem Ort, Geist seid. Ihr seid Geist und benutzt den Körper. Ihr solltet lernen, euren Körper so zu beherrschen und zu kontrollieren, daß er nicht negativ auf die Umstände reagiert, die euch im irdischen Dasein bedrängen. Es sollte so sein, daß der Körper in Gesundheit und Harmonie verbleibt, bis ihr das Ende des irdischen Lebens erreicht. Dann könnt ihr in Wissen und Frieden den Körper ablegen, weil das Herz aufhört, auf euren Willen zu reagieren. Dann setzt ihr euer Leben in der geistigen Welt als ein geistiges Wesen fort. Versucht zu verstehen, daß ihr, während ihr Tag für Tag lebt, in eurer Seele das erschafft, was wir die ›Edelsteine des Geistes‹ oder die ›Seelenfarben‹ nennen. Wenn ihr diese entwickelt, wird der Körper durch Kraft beeinflußt.

Eine Seele, die die Reise des irdischen Lebens unternimmt, ist vielen Umständen ausgesetzt, die Furcht auslösen. Der Terror des Krieges bringt Angst in das innere Wesen. Verfolgung und Verluste verursachen oft Angstgefühle. Aber warum habt ihr Angst? Das kommt, weil ihr eure Verbundenheit mit der Quelle des Lebens, eure Verbundenheit mit der großen Macht des Geistes nicht versteht. Wenn ihr in der Gewißheit lebt, daß ihr Geist seid und die Einheit mit dem großen universellen Geist herstellt, den ihr Gott nennt, könnt ihr wahrlich keine Angst kennen.

Es gibt Veränderungen und Herausforderungen im irdischen Dasein. Anstatt auf diese Herausforderungen mit Angst zu reagieren, lernt, ihnen mit Kraft und Mut zu begegnen. Wie kann Mut in der inneren Seele entwickelt werden, wenn er nicht als Samenkorn der Kraft verstanden wird, als die Fähigkeit, sich auf die größere Kraft des Geistes zu verlassen, auszuhalten und stark zu sein? Wenn die Seele dieses lernt, entwickelt sich in der geistigen Aura ein schönes goldenes Licht, das wir das ›Licht des Mutes‹ nennen. Aber wie könnt ihr Mut entwickeln, wenn ihr euch nicht den Widrigkeiten der irdischen Existenz stellt und sie überwindet? Wenn sich Kraft und Mut im Seelenkörper entwickelt haben, dann bleiben sie als Charaktereigenschaft und Qualität der Persönlichkeit für alle Zeiten bestehen.

Sicherlich ist es besser, dieses zu wissen und den Körper so zu gebrauchen, daß ihr – statt ihn durch Negativität und Angst zu schwächen – ihn durch die Entwicklung von Beharrlichkeit und Mut stärkt.

Der Körper reagiert auf den Willen des Geistes; und diejenigen, die Angst entwickeln, versetzen den Körper in einen Schwächezustand. Aber diejenigen, die die Eigenschaft des Mutes entwickeln, entwikkeln im Körper eine Beschaffenheit, die der Körper als eine aufrechte Haltung und direkten Blick des Auges widerspiegelt. Denn der physische Körper und die Seele sind ineinander verwoben.

Es ist ebenfalls wahr, daß ihr im irdischen Dasein Prüfungen eurer Geduld auferlegt bekommt. Ihr könnt nicht lernen, tolerant, verständnisvoll und ergebungsvoll zu sein, indem ihr Bücher lest, nicht einmal, indem ihr solchen Worten zuhört, wie ich sie durch dieses Medium spreche. Der einzige Weg, auf dem ihr solche Seelenqualitäten entwickeln könnt, ist der der Disziplin im täglichen Leben. Das heißt, ihr müßt versuchen, zu vergeben und geduldig mit denen zu sein, die eure Geduld auf die Probe stellen. Seid deshalb dankbar und bedankt euch bei denen, die euch im täglichen Leben Prüfungen auferlegen, und erkennt, daß dies eure große Gelegenheit ist. Es ist die Gelegenheit, eine Seelenqualität zu entwikkeln, einen kostbaren geistigen Edelstein, den ihr in alle Ewigkeit behaltet.

Liebe ist ein Wort in der Sprache der Erdenmenschen gesprochen. Über Liebe wird in schönen Worten geschrieben, und sie wird in Liedern besungen. Sagt ihr nicht, daß ihr mehr Liebe braucht und jemanden braucht, der euch liebt? Wie könnt ihr jedoch zum Verständnis der Höhe und Tiefe der Liebe gelangen, wenn eure Liebesfähigkeit nicht geprüft wird? Einfach einer Person zu sagen: ›Ich liebe dich‹ bedeutet nur, Worte in die Luft zu verströmen. Wenn eure Lieben eure Fürsorge brauchen, wenn sie hungern und dürsten, wenn sie schwach und krank werden und sie euch Mühe machen und ihr eure Zeit, eure Wünsche und Schätze opfert, dann kann man wirklich sagen, daß ihr eure Brüder und Schwestern liebt.

Wenn ihr auf Umstände trefft, in denen ihr vergeben müßt, dann müßt ihr lieben. Es ist wahrlich so: In der großen Schule der menschlichen Existenz setzt sich die Liebe aus unzähligen Gelegenheiten zur Vergebung zusammen, den kleinen Gelegenheiten und den größeren Gelegenheiten zur Vergebung. Bei den größeren Gelegenheiten muß die Seele versuchen, die Gemeinschaft, die Familie zu verstehen und ihr zu vergeben. Dies, so möchte ich euch sagen, entwikkelt in der Seele herrliche rosarote Tönungen und wunderbare Blautöne himmlischer Liebe. Auch dies ist eine Lektion, die man im irdischen Leben lernt.

Ich möchte euch sagen, schaut auf das Muster eures irdischen Daseins. Freut euch über eure Tage der

Prüfung. Dankt dem großen Meistergeber aller Dinge für die Zeiten, in denen eure Lektionen schwer zu erlernen sind. Seid dankbar denen gegenüber, die euch ermutigen und euch die Schönheit geben, die euren Weg ein wenig erleichtert.

Jene, die mit einem körperlichen Gebrechen in das irdische Dasein kommen, jene, die unfähig sind, den Körper so kraftvoll zu gebrauchen, und diejenigen, die ganz gesund sind, jene, die an einem Seh- oder Hörfehler leiden – was ist mit ihnen? Welche Seelenqualität entwickeln sie, wenn sie lernen, Tag für Tag in der Disziplin des täglichen Lebens zu leben? Es ist in der Tat so, daß sie Kraft entwickeln und einen Grad von Ausdauer und Beharrlichkeit bei der Überwindung ihrer Gebrechen. Ebenso entwickeln sie eine Wertschätzung der kleinsten Freuden, so daß ihr Lebensweg mit kleinen Edelsteinen ihrer Dankbarkeit bestreut wird. Sie sind wahrlich dankbar für das kleine Geschenk, für das freundliche Wort, für den sanften Kuß. Denn dies bedeutet solchen Menschen mehr als denen, die imstande sind, auf den Wegen des Lebens zu laufen.

Ihr selbst erlangt dadurch ein Verständnis für den Weg, den ihr geht, und erkennt, daß er manchmal bestreut wird mit den winzigen Edelsteinen eurer sanften Freundlichkeit, den Augenblicken, in denen ihr euch bemüht, ein freundliches Wort zu sagen, mit den Zeiten, wenn ihr euch Mühe macht, das kleine Geschenk oder den kurzen Brief abzuschikken. Vielleicht denkt ihr, sie sind nur klein. Aber ich möchte sagen, daß der Weg menschlicher Existenz oft mit kleinsten Edelsteinen von funkelnder Schönheit wie Tautropfen bestreut ist. Sie sind die Symbole der liebevollen Absicht, die in stillen Augenblicken verströmt und in Mitgefühl ausgeführt wird. Auch das sind Edelsteine, die ihr sammelt und als Schatz behaltet. Ihr behaltet ihn, wenn ihr die Erde verlaßt und in die geistige Welt kommt. Dort erblickt ihr den Schatz der Seele, der weder verblaßt noch verschwindet, auch wenn die Zeiten vergehen mögen.

Umwandlung

Wahrlich ist jeder von euch während des irdischen Lebens eine Einkörperung des Geistes. Wenn euer Gott in die Atmosphäre des vergänglichen irdischen Lebens eingetaucht ist, absorbiert er etwas von der Ausstrahlung der Erde.

Manche der Geistwesen, die in das irdische Leben eintreten, absorbieren etwas von den sexuellen Wünschen in der Familienatmosphäre, einige etwas von der Liebe zur Schönheit; mancher Geist wird mit dem Wunsch nach Besitz gefärbt – dem Wunsch, alles, was er haben will, zu erlangen und zu behalten, weil dies die Atmosphäre, die Färbung ist, die er in dem irdischen Zeitalter, der Umwelt und an dem Ort vorfindet, wenn er in die irdische Erfahrung eintritt.

Einige Geister aber absorbieren so tief Ideen über Gott, Religion und entsprechendes Verhalten, wenn sie die irdischen Erfahrungen durchmachen, daß diese dann sozusagen das Gewand für die Seele werden. Schließlich sagt man: Das ist die Persönlichkeit, durch die der Geist sich auswirkt.

Das ist mit euch geschehen, meine Lieben; jeder von euch glaubt, er oder sie selbst zu sein, aber euer euch innewohnender Geist ist anders als diese äußere Persönlichkeit, die von euren Freunden und eurer Familie als die Person erkannt wird, die ihr meint zu sein. Darum möchte ich euch sagen: Wenn ihr euch aufmacht, den langen Pfad der geistigen Entwicklung zu gehen, versucht ihr, euer inneres und wahres Selbst wieder zu entdecken. Das ist die Zeit, in der ihr sagt, daß eure geistige Reise zur Selbstentdeckung beginnt. Dann beginnt ihr, die unerwünschten Schalen und Makel, die ein Teil eures Seelenselbst geworden sind und die Schönheit des inneren Geistes mindern und verbergen, abzuwerfen und auszuräumen. Dabei seid ihr euch kaum bewußt, welcher Teil eures Selbst wirklich ist und welcher die Widerspiegelung des Äußeren ist. Darum wird für euer geistiges Wachstum immer wieder Zeit benötigt – Zeiten der Seelenläuterung, Zeiten, in denen ihr lernen könnt, euer Wesen von dem zu reinigen, was nicht mehr benötigt wird, und von dem, was nicht mehr für euer Wachstum wesentlich ist.

Wenn ich so die Entwicklung der Erdenkinder beobachte, scheint mir, daß sie nicht genügend Verständnis für das Wort ›Umwandlung‹ haben. Denn ich möchte wiederholen, daß es sich bei der geistigen Entwicklung um Umwandlung der niedrigeren Elemente in die klareren, glänzenden und schöneren Elemente des Geistes handelt. Darum meine ich, ist es nicht richtig – so wie ihr es versucht –, eiserne

Kontrolle über die niedrigeren und unedlen Wünsche eurer Natur auszuüben – denn eine eiserne Kontrolle schließt das Gesetz der Umwandlung aus. Den Hunger eures Magens und den Wunsch, euch Vermögen anzueignen, zu ignorieren bedeutet nicht, geistig zu werden. Geistig werden heißt: Ihr erkennt eure Schwächen und werdet euch eurer verschiedenen Arten von Hunger bewußt; dann hebt ihr – durch das Verständnis eurer geistigen Wesenheit – diese Schwächen und verschiedenen Arten des Verlangens durch einen Prozeß der Umwandlung empor und wandelt sie in geistige Wünsche, geistigen Hunger und geistige Tätigkeit um. Damit wird das, was beim Eintauchen in die irdische Atmosphäre absorbiert wurde – diese niedrigen Elemente – allmählich in höhere und geistige Aspekte umgewandelt, emporgehoben.

Darum möchte ich euch sagen: Der geistige Mensch ist nicht einer, der sagt, er habe keine Wünsche; sondern er sagt: Ich habe meine niedrigen Wünsche überwunden und sie in geistiges Streben nach den Dingen des Geistes umgewandelt. Die geistige Frau sagt nicht: Es gibt keinen Schmutz auf der Erde; nur die ungeistige Frau verschmäht zu sehen, daß es Schmutz auf der irdischen Welt gibt. Die geistige Frau sagt: Ja, es gibt Unreinheit, Schmutz, Unrat und Dunkelheit, aber durch Liebe werde ich sie umwandeln, sie in Reinheit, Ordnung und Schönheit verwandeln. Wahre geistige Scheu verleugnet nicht die Dunkelheit der vergänglichen irdischen Welt, sondern sie sieht sie, schätzt sie ab, versteht sie und wandelt sie um.

Denn dies ist einer der Gründe, einer der Pläne, für welche ihr euer Leben hier auf Erden mit all seinen Schwierigkeiten auf euch genommen habt. Ich möchte sagen: Eine Seelenläuterung durchzumachen bedeutet nicht, die Augen und Ohren und euer Bewußtsein dem Schmerz, der Schwere, dem Schlamm und Lehm und den verschiedenen Arten von Verlangen der irdischen Welt zu verschließen, sondern sich ihrer bewußt zu sein und mit gezielter Liebe und mit Verständnis zu versuchen, sie zu ändern und jeden Teil in einen helleren, klareren, glücklicheren und schöneren Teil umzuwandeln – welches die Umwandlung in geistige Energie ist.

Da alle Veränderungen in der irdischen Welt beim Individuum beginnen müssen und jede Umwandlung im inneren Zentrum der Seele beginnt, so ist es an euch, die Umwandlung im inneren Zentrum der Seele eures eigenen Selbst zu beginnen. Darum möchte ich sagen, meine Lieben: Versucht es euch zur täglichen Gewohnheit zu machen, in den Augenblicken des Friedens und der Stille eine Prüfung, Selbstbefragung und Meditation durchzuführen, indem ihr euch bemüht, euch selbst zu verstehen. Ihr könnt euch überlegen, was ihr gefühlt und was ihr getan habt, wie ihr auf die Umstände, die das tägliche Leben euch gebracht hat, reagiert habt. Wenn eure Reaktion darauf Ärger und Zorn waren, dann müßt ihr in euch hineinschauen und herausfinden, warum ihr zornig wart, warum ihr euch geärgert habt. War es, weil andere euren Stolz verletzt haben? Oder war es, weil sie euch etwas entzogen haben, was ihr behalten oder bekommen wolltet? Entdeckt die Ursache, den Grund für euren Zorn und Ärger. Dies wird dann den Wandel zur Selbsterkenntnis herbeiführen. Darauf sollte eine Meditation über diejenige Eigenschaft der Seele erfolgen, die umgewandelt werden soll, um das, was schädlich war, in etwas, das konstruktiv und gut ist, umzuwandeln. Es wird euch vielleicht schwerfallen, dies durchzuführen, aber dies gehört zur Läuterung und Umwandlung des Selbst und wird euch langsam, aber sicher aus dem Eingetauchtsein in die Schwierigkeiten des vergänglichen Lebens in den großen Frieden, in die Harmonie und Herrlichkeit des geistigen Lebens, das ihr sucht, führen.

Seelenläuterung bedeutet in Wirklichkeit: Läuterung der ganzen Seele eurer irdischen Welt. Sie bedeutet Reinigung der Atmosphäre von Habgier, Haß und Angst, in die eure Seele eingetaucht wurde. Jedesmal, wenn ihr euch als ein geistiges Wesen erkennt, jedesmal, wenn ihr einen niedrigen Wunsch aus euch entfernen und ihn durch euren geistigen Willen in etwas Helles, Gutes umwandeln könnt, dann findet nicht nur eine Seelenläuterung in euch selbst statt, sondern in der ganzen Welt, in der ihr lebt. Denn ihr selbst seid nicht eine geschlossene Einheit, ihr seid ein Teil der ganzen Seele der Gemeinschaft, in der ihr lebt. Die Nachgiebigkeit euch selbst gegenüber – obgleich sie in eurem eigenen Zimmer im geheimen geschieht – bleibt nicht nur auf euch beschränkt, sie verbreitet sich in der ganzen Seelenatmosphäre der euch umgebenden Welt. Ihr selbst seid mit dieser Seelenatmosphäre getränkt, und ihr übertragt auf sie einen Teil eures Verlangens;

ihr übertragt auf sie einen Teil eures eigenen Gebetes um Frieden, einen Teil eurer eigenen Liebe und eures Adels. Die Atmosphäre, die ihr verbreitet, färbt auf die euch umgebende Weltseele ab, so wie ihr – bis ihr stark genug seid – etwas von dieser allgemeinen Atmosphäre aufnehmt, absorbiert.

Wenn ihr einen Schritt auf dem Pfade der Selbstdisziplin und Läuterung vorwärts geht, bringt ihr eure Umwelt einen halben Schritt vorwärts. Wenn ihr einen halben Schritt hin zum Licht und zur Erkenntnis tut, so hebt ihr die Gemeinschaft um euch herum um einen Viertelschritt näher hin zum Licht. Dies ist der große Marsch der Menschheit vorwärts. Dies ist die große, geheimnisvolle Läuterung der Weltseele, die stattfindet. Dies ist die Verkörperung des Christus in der Menschheit. Dies ist der Weg der Kreuzigung der Liebe in der Materie, damit die Materie langsam transformiert, umgewandelt, geläutert wird durch die sich aufopfernde Liebe und die Erkenntnis der Völker der Erde.

Darum faßt neuen Mut, ihr Lieben, nehmt neues Licht und neue Hoffnung auf. Wisset: Wo immer ihr auch wohnt, welche kleine Arbeit ihr auch ausführt, ihr und eure Arbeit sind wichtig. Jede Arbeit ist ein Teil dieser erstaunlichen Säuberung, die allmählich die Welt, die Völker und die Geistwesen eurer Welt aus dem Chaos in den Frieden, aus der Dunkelheit ins Licht, aus dem Schmutz in die Reinheit, aus dem Haß in die Liebe bringt. Welch ein staunenerregendes Schicksal ihr alle still, aber sicher erfüllt! Wir Geistigen wünschen, daß es sich in Frieden, Erkenntnis, Harmonie und Freude erfüllen möge.

Disziplin im täglichen Leben

Wir möchten mit euch über den Weg sprechen, den jeder von euch gehen möchte. Ihr nennt ihn den Weg der geistigen Entwicklung. Es ist der Weg der Entfaltung eures individuellen Bewußtseins, wodurch ihr besser euren Platz in diesem großen Universum des Lichtes verstehen könnt.

Wir möchten euch sagen: Dieser Weg ist wirklich ein gerader und schmaler Weg. Ihr geht diesen Weg am besten, indem ihr nicht die Höhe sucht und nicht auf das Niedrige schaut. Es ist besser, durch den täglichen Dienst und die tägliche Disziplin das abzuschälen, was zu eurem Selbst gehört. Schält alles langsam ab, was der Entwicklung eurer geistigen Erkenntnis schaden oder sie behindern könnte. So werdet ihr allmählich der Gewänder der Selbstsucht entkleidet und könnt in die Nacktheit der Wahrheit aufsteigen; dann spürt ihr, wie ihr für euren Geist neue Gewänder webt, es sind neue Gewänder aus Licht und Erkenntnis, die euch dann für immer bekleiden. Ihr bekommt stets neue Gelegenheiten, während ihr auf dem geistigen Pfad fortschreitet, um wieder alte Gewänder abzulegen. Denn es ist wirklich so: Wenn ihr vorwärts schreitet, gebt ihr immer wieder auf, was ihr erlangt habt, und streckt die Hand aus, um etwas Neues festzuhalten. Dann schreitet ihr weiter und gebt das wieder auf, damit ihr neue Wahrheit und neue Kraft erhalten könnt.

Darum möchte ich euch sagen: Geht einen Schritt nach dem anderen voran, immer nur einen auf einmal. Blickt fest auf das Ziel, das euch am nächsten ist. Seid euch immer bewußt, erst wenn das Ziel erreicht ist, seid ihr so stark, daß ihr einen weiteren Schritt auf dem Wege gehen könnt. Erst dann steht das nächste Ziel vor eurem Blick.

Darum sage ich euch: Geht still Tag für Tag voran. Akzeptiert die Arbeit jeden Tages als ein Werkzeug, das euch gegeben worden ist. Es ist das Werkzeug, das euch gegeben wurde, womit ihr euch später weiteren Fortschritt verdient. Denn es ist wirklich wahr, daß jeder einzelne von euch sich in der Hand des Meisterschöpfers befindet. Jeder einzelne von euch ist uns bekannt. Wir versuchen, den Willen des Meisterschöpfers zu tun. Jeder von uns wacht über euch und versucht, euch voranzuführen. Wir sehen die Umstände des täglichen Lebens. Wir sehen die Umstände des täglichen Lebens und die Menschen, deren Leben mit eurem verwoben ist. Wir sehen, welche Aufgaben euch Tag für Tag aufgegeben werden können. Wir sehen, mit welcher Liebe ihr die Aufgabe erfüllt oder mit welcher Bitterkeit des Herzens die Aufgabe abgelehnt wird. Denn wir möchten euch sagen: Durch das Verständnis für die täglichen Dienstleistungen und durch das Tag für Tag fortschreitende Eliminieren des harten Kerns des egoistischen Selbst werdet ihr zu weiterem Fortschritt fähig. Ihr könnt dann das Ziel, das ihr erreichen möchtet, erreichen. Mit den Augen des Lichtes ist es mehr wert, zu sehen, wie eine Aufgabe liebevoll und still erfüllt wird, als wenn sie sehen, daß eine ganze Stunde in Meditation und im Gebet verbracht wird. Oft hat die Übernahme einer schweren Aufgabe und ihre liebevolle Erfüllung größeres Gewicht in der Entwicklung der Seele als das Lesen gewaltiger Bücher oder das Denken mächtiger Gedanken. Wahrlich ist es so, wenn eine Seele ihre tägliche Arbeit verrichten kann und ihre schwere Aufgabe im Geiste der Liebe akzeptiert, wird sie für mächtige Gedanken empfänglich, und es kann auf sie ein mächtiger Einfluß ausgeübt werden.

Darum tut alles mit Liebe und lernt das ›Gesetz der Annahme‹. Akzeptiert die Dinge, die euch gegeben werden. Denkt nicht abfällig über sie und weicht ihnen nicht aus, sondern sagt: O du Meisterschöpfer der Tage und der Nächte, ich danke dir, dem Geber des Dornes, der in meine Seite sticht. Ich danke dir für diesen Menschen, der mir im Leben so nahe ist und dessen Worte meinen Stolz verletzen und dessen Einfluß meinen Frieden stört.

Dankt dem Meisterschöpfer dafür, denn das sind die Schritte auf dem Wege. Das sind die Werkzeuge, mit denen langsam der Egoismus von der Seele gelöst wird, damit das Kleid der Unvollkommenheit von ihr abgestreift werden kann. Erst wenn das getan ist, kann die Herrlichkeit der Seele hinausscheinen.

Geht an die Aufgaben und die Arbeit Tag für Tag heran und sagt: »Möge es so sein: Wenn dieser Tag kommt und diese Macht sich entfaltet, dann bereichere ich die Welt wieder mit einem stillen Lächeln, mit der Annahme einer Freude, mit einer Aufgabe, die ich mit einem Glücksgefühl ausübe, mit einem Opfer meines Selbst.«

Denn ist es nicht so: Wenn man den Lieblingswunsch geopfert hat, dann hat dieser Wunsch einen geistigen Schatz gewonnen.

Ich möchte euch sagen: Wenn ihr eine Aufgabe mit einem wahren Opfer der Seele erfüllt, indem ihr einen Lieblingswunsch zurückstellt und ihm still keine Beachtung schenkt, damit die Arbeit in Frieden vorankommen kann, dann gewinnt die Seele wahrhaftig einen echten himmlischen Schatz. Das ist oft von größerem Wert als irgendeine große Rede, die an viele Menschen gerichtet ist, die die Menschen beim Weggehen bewundern und über die sie sagen: Das war eine große Rede, und wie gut war diese Lehre! Trotzdem richten sie sich nicht nach dem Kern der Wahrheit, der in der Rede enthalten war.

Sucht bei der Arbeit nicht das Lob und gute Gedanken der Menschen; sondern bemüht euch lieber, bei der täglichen Arbeit, wie bei einem Rosenkranz, folgendes zu zählen: Wie viele Opfer habe ich gebracht, wie viele Worte habe ich auf der Zunge zurückgehalten, wie viele bittere Gedanken habe ich eliminiert, wie viele Arbeiten, die ich nicht mochte, konnte ich mit Liebe ausführen? Das ist dann der geistige Weg für euch, wenn ihr das wirklich tut. Dieser Weg führt von einer Vollkommenheit zu größerer Vollkommenheit; es ist der Weg, der die Seele von dem Kleid der Selbstsucht befreit. Dann können das große Licht und die große Liebe und die große Vollkommenheit des Schöpfers über das Herz und das Auge und durch die Hände und durch das ganze Wesen hinausstrahlen. Denn wahrlich ist das Licht da; aber es ist verborgen.

Der Weg, den ihr sucht, steigt nicht immer steil an. Er besteht eher daraus, daß ihr die Schleier ablegt, die das Licht verhüllen. Sie verhindern, daß sich seine vollständige Herrlichkeit eurer Umgebung offenbart.

Es ist gewiß gut, die Disziplin für eine Weile auszuüben und sich am Tagesanfang zu sagen: Ich danke dir, Herr, für diese Zeit der Prüfungen und Versuchungen. Denkt daran, sogar wenn eure liebevolle Seele durch diese turbulenten und schwierigen Persönlichkeiten Prüfungen ausgesetzt ist, so ist doch wahrlich die wahre Prüfung des Geistes, der Liebe, die Fähigkeit zu verzeihen. Aber wie könnt ihr es lernen, zu verzeihen, wenn euch niemand nahe ist, der eure Vergebung braucht? Darum möchte ich euch sagen: Seid dankbar – seid denjenigen dankbar, die eure Gefühle verletzen; seid denjenigen dankbar, die eure Gedanken stören; seid denjenigen dankbar, die eure Nachsicht testen; denn das sind diejenigen, denen ihr verzeihen müßt, wenn ihr dem Gesetz der Liebe gemäß leben wollt.

Es ist leicht, denen zu vergeben, die fern von euch sind und euch nicht direkt Schaden zufügen. Aber wie schwer ist es, dem zu vergeben, der euch am nächsten ist, und das zu vergeben, was täglich auf euch zukommt. Dankt dem Meisterschöpfer der Tage und Nächte, daß ihr Gelegenheit habt, zu vergeben; denn dadurch wird eure Liebe geprüft. Dadurch wird eure Liebe wahrlich stärker; dadurch kann der Schleier des Selbst abgestreift werden. Betrachtet manchmal aufmerksam diejenigen, die euch nahe sind. Sie stellen den Schleier des Überlegenheitsgefühls auf die Probe. Das Überlegenheitsgefühl ist eine der geistigen Sünden der Seele, wenn sie beginnt, in Erkenntnis und Kraft zu wachsen.

Oh, ihr Lieben, denkt daran, daß ihr Kinder seid, die das Geistige erlernen. Ihr lernt, die Schleier abzulegen, die die Schönheit der Seele verdecken. Akzeptiert die Kritik der euch Nahestehenden. Denn ist es nicht so, daß eure Mutter euch besser kennt als irgend jemand auf der Welt? Sie kann manchmal die verborgene Kraft sehen, aber sie sieht manchmal auch die verborgene Schwäche und sieht manchmal, daß der Schleier der Selbstüberheblichkeit weggezogen werden muß. Es geschieht manchmal, daß viel Lob oder viel Bewunderung die Ursache dafür ist, daß sich dieser Schleier langsam und insgeheim bildet. Der Mensch weiß es selbst nicht, bis er ihn durch Kritik spürt.

Manchmal sehen wir, wie sich die Tendenz entwickelt, daß eine Seele allein sein möchte oder in Verbindung mit der Natur treten möchte oder mit ihrem Gott in Verbindung treten möchte, und sie möchte mit sich selbst in Frieden sein. Dann sagt der Mensch vielleicht: Ich könnte den inneren Frieden haben, wenn ich nicht so schwer arbeiten müßte, um andere zu ernähren. Hat dann dieser Mensch die freudige Annahme der täglichen Arbeiten? Könnte es sein, daß ihr in Frieden sein könnt, wenn ihr allein seid – aber ihr könnt nicht in Frieden sein, wenn ihr mit anderen zusammen seid? Kann es sein, daß deswegen der Meisterschöpfer sagt: Oh, mein Lieber, eine Zeitlang mußt du mit den Händen arbeiten, mit dem Sinn und deinen Gedanken und viele Arbeiten akzeptieren; dadurch lernst du dann, an dem geheimnisvollen, versteckten Ort der Seele in Frieden zu sein – trotz der großen Inanspruchnahme, die von der Außenwelt ausgeht.

Dadurch sollt ihr schon hier lernen, den Willen des Schöpfers zu akzeptieren. Dadurch könnt ihr sogar lernen, daß es einen Frieden tief in der Seele gibt. Er kann weder durch ein kleines Geräusch noch durch großen Lärm gestört werden. Er kann nicht durch leichte oder schwere Arbeit der Hände oder des Gehirns oder der Füße gestört werden. Das tiefe, bewegungslose Schweigen der Seele, das das tiefe, bewegungslose Schweigen des Geistes ist, ist das Schweigen der Kraft. Wenn ihr in Harmonie mit diesem Schweigen der Kraft seid, dann seid ihr innerlich in Frieden und stark, um die Hände mit Arbeit zu erfüllen, stark, um die Gedanken zu disziplinieren, stark, um die Prüfungen in Liebe und Freude zu akzeptieren und trotzdem in Frieden zu sein.

Ihr sollt lernen, oh, ihr Lieben, daß das Finden des Friedens und die Ausübung von Disziplin euch Kraft geben, daß ihr solch eine Kraft bekommt, daß nichts auf Erden und nichts in der Astralwelt – überhaupt nichts – den Frieden stören kann. Denn er ist es, der euch Kraft gibt, alle Dinge mit Liebe zu erdulden, so daß ihr tagtäglich ohne Erschöpfung arbeiten könnt.

Fragen und Antworten über Leben und Tod, Seele, Geist und Gott

Frage: Ramadahn, kannst du zu uns über das Thema Leben und Tod sprechen? So viele Menschen sind deswegen verwirrt.

Antwort: Liebe Freunde, wir in der geistigen Welt haben unseren Tod hinter uns. Weil wir gestorben sind, können wir zu euch über Leben und Tod mit Verständnis sprechen. Den Tod wird jeder von euch nach der kurzen Spanne des Lebens erfahren. Ich möchte euch nun sagen: Die Fäden des Lebens sind mit den Fäden des Todes zu einem herrlichen und geheimnisvollen Muster verwoben. Es ist für uns und für euch im irdischen Leben unmöglich, den Faden des Lebens vom Faden des Todes zu trennen, denn jeder ist ein Teil des anderen. Wo der Tod stattfindet, manifestiert sich auch das Leben in zweifacher Weise. Denn Leben und Tod sind auf feinste Art miteinander zu einer staunenerregenden Schlinge des ewigen Lebens verzwirnt, die der Erde aus der Schatztruhe des großen Meisterschöpfers aller Dinge zugebilligt worden ist.

Weil wir jeder unseren Tod durchgemacht haben, haben wir Verständnis und Sympathie für diejenigen, die noch im irdischen Leben sind. Ihr seht dem, was wir den Zeitpunkt des Übergangs nennen und was man bei euch als Tod bezeichnet – wenn der Körper aufhört, die Seele zu halten und die Seele vorwärts in die Freiheit des neuen Lebens schreitet –, mit Furcht, manchmal mit ängstlicher Spannung, manchmal als willkommenes Ereignis entgegen. Wir haben Verständnis und Sympathie mit der Ratlosigkeit und Verwirrung derjenigen auf Erden, die die körperliche Gegenwart ihrer Lieben nicht mehr haben und gern wissen möchten, wohin sie gegangen sind, in welchem Zustand sie leben und was sie fühlten, als ihre Todesstunde eintrat.

Frage: Seid ihr in der geistigen Welt euch bewußt, wenn jemand auf der Erde stirbt?

Antwort: Ich habe dem Sterben vieler Menschen auf der Erde beigewohnt. Aber wir sprechen nicht davon als dem Sterben beiwohnen. Ich möchte es lieber nennen: Der Geburt der Seele in die geistige Welt beiwohnen. Ihr auf der Erde seid es, die vom Tode sprechen. Wir in der geistigen Welt sprechen oft vom Tod und vom Sterben in bezug auf die Seelen, die noch im Erdenleben von uns betreut werden, nämlich wenn wir sehen, wie der Adel der Seele unter der Einwirkung der Hoffnungslosigkeit zerstört wird, wenn wir beobachten, wie die zarte Blüte der Liebe aus Mangel an dem sanften Wasser der Zuneigung und Ermutigung dahinwelkt, dann sagen wir: Dort ist der Tod, dort ist das Sterben der Seele eines lieben Menschenkindes auf der Erde. Aber wenn es zur Loslösung der Seele vom Körper kommt, dann sprechen wir lieber von Geburt. Denn für uns ist es eine Geburt; es ist oft eine Wiedergeburt in die Lichtreiche.

Frage: Ist immer ein Lichtwesen zugegen, das wartet, um dem Neuankömmling Hilfe zu leisten bei der Geburt?

Antwort: Es ist immer ein Lichtwesen da, das darauf achtet, daß die Seele in der Eingeschlossenheit der irdischen Erfahrungen reift, und das sieht, wenn bald das Leben in das geistige Reich aufbrechen muß. Darum ist wenigstens eine Seele da, die in der Stille der Erwartung in der Schönheit der Betreuung darauf wartet, den Neuen – in seiner Verwirrung und Hilflosigkeit wegen des Todes von der Erde und der Geburt in die geistige Welt – willkommen zu heißen und ihm zu helfen. Darum möchte ich euch sagen, meine lieben Freunde: Fürchtet euch nicht und trauert nicht über das, was euch so häufig im Leben Tragödie und Kummer zu sein scheint. Denn immer ist ja dabei diese Schönheit der Vorbereitung, und da ist gleichzeitig diese Zuneigung zu dem Neugeborenen.

Frage: Was meinst du mit Vorbereitung?

Antwort: Wenn der Körper alt wird und die Seele für den Aufbruch in das neue Leben im Geistigen bereit ist, beginnt hier oft eine herrliche Zeit der Vorbereitung. Auch auf eurer Erde beginnen diejenigen, die die Frau kennen, die neues Leben in sich trägt, ihre Zeit der Vorbereitung mit dem Nähen der Wäsche, mit der Vorbereitung der Wiege und indem sie sich über die Freude unterhalten, daß ein Leben auf die Erde kommen wird.

Genauso ist es hier im geistigen Reich. Diejenigen, die die Seele, die nun vom Körper erlöst werden soll, gekannt haben, beginnen hier mit ihren Vorbereitungen – lange bevor die Reifung beendet ist. Manchmal dringen sie, wenn sie können, in die irdischen Zustände ein, um dem Lieben, der kommen soll, Zuversicht und Willkommen zu bringen. Diese Zuversicht kann manchmal im Traum gegeben werden; manchmal geschieht es in einer Vision, manchmal in einer tiefen inneren Überzeugung der Seele desjenigen, der sich auf den Übergang vorbereitet, daß einer seiner Lieben nahe ist und wartet, ihn in der neuen Umwelt des Geistigen willkommen zu heißen. In der Zeit der Erwartung werden die liebevollen Vorbereitungen durchgeführt. Oft wird der Ort vorbereitet, der häufig nur ein einfacher Raum in einem der geistigen Tempel ist. Dieses Zimmer statten wir allmählich mit Blüten und Blumen von den Gärten des Heilens aus. Wir können manchen Gegenstand hineinbringen, der dem Neuankömmling kostbar und vertraut war. Denn es ist wahr, daß Männer und Frauen, die mit dem sterblichen Körper viele Jahre verbunden waren, mit den Gebrauchsgegenständen, den Dingen, die ihnen vertraut sind, sehr verbunden sind. Indem sie die ihnen vertrauten Gegenstände so oft berühren und so oft benutzen, wird ein gleiches Stück von ihnen hier auf der ersten Ebene des geistigen Lebens erschaffen.

Frage: Kannst du uns sagen, ob es eine vorbestimmte Zeit des Hinübergehens eines Geistes gibt? Wenn es so ist, wie wird es bewirkt, wenn ein große Anzahl von Menschen bei einem Unglücksfall zu gleicher Zeit geht?

Antwort: Für jede Seele gibt es ein bestimmtes Muster, wie die irdischen Erfahrungen ablaufen. Aber es gibt nicht notwendigerweise eine vorherbestimmte Länge der Zeit. In bezug auf die Seele ist es wichtiger, die irdischen Lektionen zu lernen, als die

Zeit, die sie benötigt, um sie zu lernen. So kann es einige geben, die eine bestimmte Qualität der Seele in einer Zeitspanne von zwanzig Jahren entwickeln können, wofür eine andere Seele siebzig Jahre benötigt, bevor sie zu der gleichen Erkenntnis kommt. Wenn der Tod plötzlich durch Unfall oder eine Katastrophe eintritt, so sind diese Ereignisse nicht immer als Teil ihrer Erfahrung eingeplant. Aber sie werden häufig von den Geistwesen, die über diese Menschen wachen, vorausgesehen. Dann haben auch diejenigen, die auf diese Art das Leben beenden, ein intuitives Erkennen der Möglichkeit eines solchen Sterbens, denn man gibt ihnen noch diese Vorbereitung auf den Tod. Solche Ereignisse sehen die Schutzengel voraus und erteilen Warnungen und vermitteln intuitive Eindrücke. Aber die Menschen auf der Erde sind so auf ihre eigenen Wünsche und Vorhaben versessen, daß sie oft das, was ihnen übermittelt wird, nicht beachten, weil ihr Bewußtsein verschlossen ist.

Frage: Was ist der Unterschied zwischen Seele und Geist?

Antwort: Ich möchte euch sagen: Wenn ich von Geist spreche, so ist es die feine, unzerstörbare Offenbarung des Göttlichen. Die Seele ist das Wesen, das sich aus den feinen Bewußtseins- und Gefühlskörpern zusammensetzt, wodurch sich der Geist offenbart. Darum sollte es euch keinen Kummer bereiten und für euch keine Ursache für Trauer sein, wenn eure Lieben schnell sterben; weil das Herz den Geist nicht länger hält. Es sollte eine Gelegenheit großer Freude sein, wofür ihr den Meisterschöpfer der Tage und Nächte lobpreisen könnt. Denn ihr sollt mit Gewißheit erkennen, daß diejenigen, deren Herz den Geist nicht länger halten kann, schnell sterben. Das ist besser, als wenn der Geist während der mühsamen Zeit der Auflösung des Körpers an ihn gebunden ist.

So möchte ich euch sagen: Wenn ihr über diese Angelegenheit von Leben und Tod nachdenkt, denkt manchmal an euch selbst. Am Ende des irdischen Lebens gebt ihr nur den Körper auf. Euer Geist wird an einen Ort nahe der Erde gehen, und ihr seht dann euren Körper nutzlos auf einem Bett liegen. Dann sagt euer geistiges Selbst: Nun muß ich nach dem Licht suchen, nun muß ich nach dem Friedensreich suchen, nun muß ich die geistige Wesenheit suchen, die mich nach Hause führt. Darum sucht nach dem hell scheinenden Licht im Äther und schwebt nicht um euren Körper herum, sondern begebt euch geradewegs in das strahlende Licht. Denn wahrlich solltet ihr so sterben, und wenn ihr so sterbt, kann euch beim Hinübergehen keine Angst befallen.

Frage: Hast du oder jemand, den du kennst, Gott getroffen oder gesehen?

Antwort: Nicht in dem Sinne, in dem du von Gott sprichst. Ich habe die Herrlichkeit gesehen und glaube, daß das die Herrlichkeit ist, die die Erdenmenschen Gott nennen. Bevor ich mich entschloß zurückzugehen, um unter den Menschen auf der Erde zu arbeiten, blickte ich vom Tor der siebten Sphäre nach vorn und sah die Herrlichkeit des Geistes, das Lichtherz – so würdet ihr die Herrlichkeit bezeichnen. Ich glaube, daß dieses den Menschenkindern als Gott bekannt wurde, die das Wort von den alten Sängern in den alten Schriften, die von der Herrlichkeit Gottes sprachen, aufgenommen haben. Es ist nicht möglich, in der gewöhnlichen Sprache irdischer Dinge die Strahlung und Schönheit seiner Macht zu beschreiben. Wenn ihr euch aber einen mächtigen See vorstellt, der still, klar und unbewegt daliegt, und darauf glitzernd die Strahlung einer Sonne, die nicht von einer blendenden Helle ist, sondern sanft und schön wie das Mondlicht – und trotzdem nicht mit der Unklarheit des Mondlichtes – ist, seht ihr im Herzen dieser Strahlung ein Zentrum, das wie ein glühendes Herz ist, rosa wie eine Rose, sanft durch das Ganze pulsierend und schlagend. Dann versucht zu fühlen, daß diese enorme stille Strahlung, die mit Leben und Liebe pulsiert, in dich hinein und durch dich hindurch und in alle Dinge hinein und durch alle Dinge hindurch fließt. Dann hast du in der Tat vielleicht ein Symbol, eine vage Vorstellung von dem, was wir die Herrlichkeit nennen.

Frage: Und das wäre nur ein Aspekt Gottes?

Antwort: Ich glaube, das ist wahr. Aber man kann das nicht mit Gewißheit sagen – nicht bis der Schnitt durchgeführt ist –, bis deine Seele sich dem Ozean ergeben hat. Vorher ist es nicht möglich zu sagen, was jenseits davon liegt und was sich darin dort befindet. Wegen meiner Arbeit auf der Erde ergab ich mich nicht dem unaussprechlichen Ozean derLiebe und der Macht. Ich habe immer noch Form behalten und habe die Erinnerung an diese Herrlichkeit in meinem Gedächtnis behalten, und vielleicht werde ich – wenn die Zeit erfüllt ist – zu ihr zurückkehren.

So möchte ich im Segen dieser Gruppe euch wieder einmal ein Gebet der um Hoffnung, um Licht, um Freude, um Liebe und um Frieden zusenden, damit dies alles eure Seele erfüllen möge und eure Gedanken berühren möge und Freude in euer Herz bringen möge in den noch kommenden Zeiten.

Wie sehen uns die geistigen Wesenheiten?

Wenn ich so herkomme und zu euch spreche, so scheint es mir, daß ihr euch oft als Geistwesen vorstellt, die in diesem eurem vergänglichen physischen Körper eingesperrt sind; und ihr denkt an uns als Geistwesen, die frei von der Umhüllung des vergänglichen Fleisches sind. Ich möchte euch aber sagen, daß ich euch nicht als Geistwesen sehe, die vom Erdenkörper eingehüllt sind. Ich sehe eher den irdischen Körper eingehüllt in das strahlende Licht eures persönlichen, geistigen Einflusses, das mit der Macht des Geistes schimmert und glüht. Euer Geist strahlt wie ein Funke im verborgenen Zentrum des Herzens und wie ein schimmerndes Leuchten im Zentrum des Kopfes. Aber nicht alle Geistwesen können euch auf diese besondere Art und Weise sehen.

Wenn ihr also fragt, wie euch die Geistwesen sehen, so muß ich euch sagen, das hängt von der Ebene ab, von der aus sie euch sehen. Es kann zum Beispiel ein Wesen sein, das erst kürzlich das irdische Dasein verlassen hat – ein Bruder oder eine Schwester oder ein Freund, den ihr geliebt habt. Es steht dem vergangenen Leben noch sehr nahe, da es erst vor kurzem vom irdischen Körper getrennt wurde. So bewegt sich dieses Geistwesen neben euch und sieht euch in der ihm bekannten Gestalt. Es versucht vielleicht sogar – da es eure Gedanken erkennt, die sich um ihn bekannte Dinge drehen –, mit euch in Worten mit einer Stimme zu sprechen, die ihr erkennt und klar hören könnt. Dieses Geistwesen, das euch begleitet, wundert sich jedoch vielleicht, daß ihr es nicht seht und nicht mit ihm in dem ihm bekannten freundschaftlichen Ton sprecht, der euch einst ganz klar und nah vereinte.

Dann kann es sein, daß sich euch der von euch geliebte Vater oder die von euch geliebte Mutter von den Regionen des geistigen Daseins nähert. Er oder sie hat das irdische Dasein vielleicht vor zwanzig oder dreißig Jahren verlassen. Dieses Geistwesen muß von den Regionen des ›Sommerlandes‹, von den Regionen des Lichts, herunterkommen, um sich mit euch zu verbinden. Wenn so ein Geistwesen herunterkommt, sieht es euch ganz anders als dasjenige, das euch so nahe war. Dieses Geistwesen, das aus den Lichtregionen kommt, sucht das Licht in eurem Herzen, das Licht der Liebe, das in eurer Kindheit und Jugend euch eingepflanzt wurde. Es sucht das Licht, das das Licht eurer Persönlichkeit ist, das von ihm geliebt und erkannt worden war. Vielleicht sieht es dieses Licht wie eine Glut in eurem Herzen.

Selbst wenn dieses Licht nun während der Jahre eurer irdischen Erfahrungen in die dunklen Schleier des materiellen Lebens, in die dunklen Schleier der Traurigkeit und Niedergeschlagenheit eingehüllt wurde, kann dieses Geistwesen noch mittendrin das glühende, strahlende Licht sehen, das zu eurem wahren Selbst gehört. Es ist das Selbst, das man in der Kindheit und Jugendzeit kannte und liebte und sorgsam hegte und pflegte. Aber dieses Geistwesen sieht vielleicht nicht euer Gesicht, das mit den Runzeln der Erfahrungen gezeichnet ist; es sieht vielleicht nicht euer Körperselbst, das von Sorge und Arbeit vieler Jahre gebeugt ist. Dieses Geistwesen sieht euch in den wahren Geist- und Gefühlsfarben eurer Seele.

Nun fragt ihr vielleicht, wie ich euch sehe, während ich durch dieses Medium mit seiner Stimme zu euch spreche. Ich sehe euch nicht als körperliche Wesenheiten; ich sehe in euch den leuchtenden Funken des Geistlichen, das wie eine Kerzenflamme im Innern eures Bewußtseins schimmert. Ich sehe – schimmernd und den wesentlichen, wahren Funken eures wirklichen Selbst umgebend – das Licht eurer inneren Seelenaura, das das Licht eures aufblühenden Adels ist. Bei einigen scheint es wie ein zartes rosa Glühen, ein Symbol für eure liebevollen Absichten und euren Wunsch, zu dienen und zu helfen. Bei einigen ist es wie ein goldener Schimmer, das Symbol für das Verlangen nach Wahrheit, das Zeichen für die Suche nach Weisheit. Andere haben in ihrer inneren Aura einfach das silberne Licht des Strebens; es zeigt, daß sie noch zu entwickelnde geistige Möglichkeiten haben. Ich sehe euer geistiges Wesen und den inneren Funken. Ich sehe euch als Lampen, in denen die kleine Flamme der Hingabe oder der Wahrheit oder des Strebens brennt. Um diesen lebendigen Teil der Seele und des Geistes schimmern und bewegen sich Farben. Sie sind die Zeichen euer gefühlsmäßigen Reaktion aufeinander, auf die Stimme des Mediums, die Zeichen eurer inneren Gefühle, während ihr lest oder zuhört oder wissen möchtet, worum es geht. In diesen wogenden Lichtfeldern sehen wir das Kleid eurer Seele.

Wenn wir von den Höhen des Geistes auf euch herabblicken, sehen wir nicht den irdischen Körper in seiner irdischen Bekleidung, ob das Haar gold oder silbern oder braun oder von einer anderen von euch gewählten Farbe ist. Wir sehen euch als geistige Wesen, deren Licht den physischen Körper in der Wirklichkeit geistiger Erkenntnisse und Erfahrungen einhüllt. Aber manchmal – während wir euch auf diese besondere Weise sehen – kann von euch das Bildnis eures vergänglichen, materiellen Wesens ausgehen. Wenn nämlich eure Gedanken in Sympathie auf uns in der geistigen Welt gerichtet sind, können von euch Augen oder Gesicht oder Gesichtszüge wie eine Maske, die aus Gedanken gemacht ist, ausgehen.

Wenn wir dieses Bildnis von euch sehen, versuchen wir manchmal, es in Liebe zu umfassen, es mit zarten Händen und Fingern zu streicheln, damit ihr die Liebkosung geistiger Liebe und geistigen Heilens auf dem Bildnis eures vergänglichen, materiellen Selbst fühlen könnt.

Darum können wir euch immer erkennen, ganz gleich, wie alt ihr seid oder was für Erfahrungen ihr gesammelt habt. Durch das Licht des Geistes, die Strahlung des Seelenkleides und das von euren Gedanken ausgestrahlte Bildnis können wir unsere Aufmerksamkeit auf euch lenken, euch in Liebe umarmen und euch unter all den wechselnden Bedingungen des irdischen Lebens klar erkennen.

Also habt keine Angst, daß ihr euch im Leben so verändert, daß man euch nicht mehr erkennen und verstehen kann; das ist ein falscher Gedanke eures irdischen Gehirns. Er ist genauso falsch wie der Gedanke, daß ihr im Körper seid. Euer Körper ist innerhalb eurer Seele, und der Geist ist im Zentrum des Seelenselbst, das das vergängliche Wesen und den physischen Körper beherrscht und einhüllt.

Christus und Jesus

Meine Lieben, wenn ihr betet und nachdenkt und nach Erkenntnis trachtet, kommt ihr schließlich zu der folgenden Erkenntnis: Es gibt ein ewiges Schöpferzentrum, ein Machtzentrum, das von den Erdenkindern unter vielen, immer wieder wechselnden Namen der Göttlichkeit symbolisiert wird.

Die Christen – besonders die frühen Christen – erkannten, daß die Liebe auch in der Natur Gottes liegt. In der großen Not jener Zeit, als die Menschen hartherzig waren und die Härte der religiösen Vorschriften die Freude aus den Herzen der Menschen gestohlen hatte und die Gesetzestreue – symbolisch gesehen – zu einer schweren Kette an ihren Händen, Herzen und Seelen wurde, kam der große Vermittler zwischen der irdischen und der geistigen Welt: der Offenbarer Jesus. So wurde er der Offenbarer des Liebesaspekts des großen Meisterschöpfers. So wurde Gott symbolisiert als der Christus oder der Christusgeist.

Ihr Lieben, um dies in der Fülle der Wahrheit und der Unkompliziertheit eurer Erkenntnis zu verstehen, müßt ihr wissen, daß Jesus, der Mensch, wirklich ein wunderbares und herrliches Werkzeug war, durch das die Christusoffenbarung der irdischen Welt gegeben werden konnte. Der Christus ist die Beseelung der Liebe, und durch Liebe konnten den Erdenkindern alles Heilen, alle Sanftheit und alle Schönheit gebracht werden.

Es war den Sehern jener Zeit bekannt, daß dieser Knabe in das irdische Dasein eintreten und das bestimmte Werk vollbringen würde, den Erdenkindern seine eigene Offenbarung zu bringen; denn die Vermittlerschaft zwischen dem irdischen und dem Geistigen war den Propheten und den Sehern jener Zeit bekannt. Als nun das kleine Kind in den Tempel gebracht wurde, konnte die alte Frau, die die Gabe der Seherschaft beziehungsweise des Hellsehens hatte, sehen, daß dieses Kind wahrlich ein großes und herrliches geistiges Schicksal hatte, denn sie konnte an dem geistigen Licht, das in seiner Aura schien, erkennen, daß dies die Einkörperung eines herrlichen Geistes war. Sie konnte auch die hellglänzenden Führer und Schutzgeister sehen, die ihn während der Jahre seines irdischen Heranwachsens begleiteten.

Der Knabe Jesus war nicht vom großen Geist des Christus überschattet, bis er die Zeit seiner Taufe erreicht hatte. Zur Zeit der Taufe fand die große Einkörperung des Christus statt; dieses Ereignis der Beseelung mit dem Christusgeist wurde von denen beobachtet, die dabei waren, beobachtet als etwas, das der Geist eines schönen Vogels zu sein schien, der vom Himmel herabschwebte. Denn immer muß das menschliche Bewußtsein das, was es sieht, in Symbolen der irdischen Welt interpretieren. Als nun dieser Geist kam und sprach: »Dieser ist mein geliebter Sohn (mein Vermittler, mein Kind)«, hat das Bewußtsein der Erdenkinder diese Verknüpfung aufgenommen; sie versuchten nun, sie in die Sprache ihrer Zeit zu übersetzen – und sie versuchten, diesen ›Besuch des Geistes‹ zu verändern, damit er ihrer Gottesvision, Jehovah, entspräche, so wie sie ihn in ihrem begrenzten Bewußtsein verstanden.

Ich möchte euch sagen, daß Jesus und der Christus wirklich eins geworden sind. Durch die Beseelung mit diesem großen Liebesgeist, dem Christusgeist göttlicher Liebe, konnte Jesus, der Meister, die Erdatmosphäre und Erdsubstanz mit einer Beseelung göttlicher Liebe durchdringen, wie es vorher nicht möglich gewesen war. Als diese Beseelung durch den göttlichen Liebesaspekt stattfand, wurde die göttliche Liebe des großen Meisterschöpfers wirklich in die Erdatmosphäre hineingezogen, so wie Luft in einen Wirbel hineingezogen wird. Nachdem die Luft in den Wirbel eingezogen wurde, verbleibt sie in der Atmosphäre nicht nur an der Stelle, an der sie absorbiert wurde.

So geschah es, als dieser geläuterte Körper, das gereinigte Gehirn und Wesen Jesu von dieser herrlichen Macht christlicher Liebe beseelt wurden, daß sie in ihn einging und sich überall um ihn herum verbreitete, so daß die Erde selbst von dem Liebesaspekt des großen Meisterschöpfers beseelt wurde. Dieser Liebesaspekt breitete sich aus und durchdrang den Seelenkörper – beziehungsweise das Geistige – aller, die er berührte, aller, die seinen Worten lauschten, aller Menschen, die im Laufe der Zeit ihm ihre Aufmerksamkeit zuwandten. Jeden von ihnen berührte oder durchdrang dieses Christuselement göttlicher Liebe. Nachdem die Christusmacht jenen Teil der Welt durchdrungen hatte, beseelte sie wahrlich diese eure irdische Welt. Als dann das Leben des Meisters Jesu verging, blieb der Christuseinfluß, er blieb und blieb und blieb – so wie sogar in eurer heutigen Welt der Christusaspekt noch in seiner Schönheit fortbesteht.

Ja, es ist tatsächlich so, daß der Christus und der Jesus voneinander getrennt waren, meine Lieben, aber sie wurden eins, und sie bleiben eins in den großen Regionen des geistigen Lebens. Darum gibt es in einer Region des geistigen Reiches die Region, die wir die Christusregion nennen, in der man die große Beseelung mit der göttlichen Liebe als ein pulsierendes Herz sehen kann, durch dessen Schlagen Liebe und Sanftmut entstehen; es sendet Liebe als große Liebesschwingungen und Liebesmacht hinaus, die euch und jeden anderen Menschen erreichen können, der vielleicht solche Liebesschwingungen begehrt. Ihr braucht euer Bewußtsein nur darauf einzustimmen. Aber nicht nur Jesus wurde mit dem Christusgeist beseelt (enchristed), sondern noch viele andere wurden im Laufe der Zeit durch ihre liebende Konzentration auf ihn und durch ihren Wunsch, mit dem Christusgeist in Verbindung zu treten, von dieser herrlich strahlenden Liebesmacht beseelt. Ihr, die ihr die Wahrheit sucht, auch ihr könnt Kanäle für den Christus werden, auch ihr könnt in solch einem Maße von der Christusliebe beseelt werden, wie es Jesus, der Meister, während der Zeit seines irdischen Lebens zeigte, daß es möglich war. Denn wenn der Christusgeist erst einmal auf die Erde kanalisiert worden ist, fährt er fort, Liebe hinauszuschwingen und Sanftmut in die Herzen all derer hineinzupulsieren, die nach Liebe suchen.

Der Geist des Meisters Jesus, der die Menschenkinder kennengelernt hat, hört oft die Gedanken und Gebete, die sich an ihn wenden, und er bemüht sich, ihnen einen Teil des Segens des großen Christusherzens, mit dem er selbst eine so zarte Übereinstimmung hat und worüber er eine so herrliche Kenntnis hat, zu bringen.

Während ihr nun hier in der Stille dieses Raumes seid und den Worten lauscht, die ich spreche, und während ihr über die Wahrheit nachdenkt, die ich versuche zu übermitteln, sehe ich im geheimen Gemüt und Herzen einiger die Erinnerung an das große, pulsierende Herz göttlicher Liebe. Wenn nun eure Erinnerung hinausgeht, ihr Lieben, so beginnt schon der sanfte Strom zarter Liebe euch einzuhüllen von diesem zentralen Herzen der Schönheit und Macht aus.

Ihr Lieben, entfaltet eure innere Erkenntnis und laßt euer inneres Selbst sich in Anbetung und in Erstaunen und in Liebe in die euch umgebende Welt hinaus ausweiten. Laßt euer Selbst durch den Schleier der äußeren Erscheinung die Macht und Energie, die hinter dem äußeren Schleier liegt, erkennen. Denn während ihr in dieser herrlichen, offenbarten Schöpfung lebt, ist die Welt mit zahllosen Stimmen erfüllt, die euch von Gott, von Liebe und vom Guten sprechen. Diese wunderschöne Welt, in der ihr lebt, ist in die Manifestation von Licht und Farbe eingekleidet. Wenn ihr dieses Licht und diese Farbe betrachtet, seht ihr, wie die Schönheit der Farbe und das Licht eurem Geiste zurufen: Ich bin hier! Ich bin hier! Jedoch ihr seht es nicht, ihr versteht es nicht, weil euer Auge nur auf die äußere Manifestation eingestellt ist.

Wenn ihr die Hände eurer Lieben haltet und in ihre Augen schaut – was seht ihr dann? Ihr seht den Mann oder die Frau, ihr betrachtet das Kind; aber sicherlich fühlt ihr im Inneren eurer Seele das Schlagen des Herzens und das pulsierende Blut; und könnt ihr nicht in dem leuchtenden Auge sehen, wie Liebe, wie Christus euch ruft, euch durch die Seele und das Wesen dessen ruft, den ihr liebt? Es ist Christus, die Liebe Gottes, die den Liebenden durch das Wesen des Geliebten ruft.

Ihr Lieben, lernt zu sehen, lernt zu hören und lernt zu lieben, und ihr werdet lernen anzubeten. Wenn sich dann die Zeit erfüllt hat, werden die Schleier vor euren Augen fallen, und ihr werdet eure Welt im Glanze der Herrlichkeit des großen Meisterschöpfers sehen. Euer Bewußtsein wird sich erweitern – ausweiten – und Herrlichkeit über Herrlichkeit, Licht über Licht sehen, und Liebe wird sich aus Liebe entfalten, während ihr in diese sich immer erneuernde Schönheit und Offenbarung des Göttlichen hineingezogen werden.

Die Tiere und die Menschen

Manchmal mag es euch erscheinen, als ob eure Welt in Abteilungen aufgeteilt ist, daß die verschiedenen Lebensströme unabhängig voneinander sind. Ich möchte euch aber sagen, daß euer vergängliches Dasein zu einem Ganzen verwoben ist und jedes Teil sich mit einem anderen überschneidet. Darum ist es für euch – als einem als Mensch lebenden Geist – unmöglich, in der Welt zu leben, ohne irgendeine Wirkung auf die Pflanzen und Tiere auszuüben. Sie alle sind mit eurem Leben und mit euren Einflüssen verwoben. Wahrlich seid ihr ein Teil der euch umgebenden Schöpfung, und die lebendige Schöpfung ist ein Teil von euch. Es ist unmöglich, euer Leben zu leben, ohne dabei eine lebendige Wirkung von Gutsein oder von Schlechtsein zu haben. Während ihr lebt, denkt und liebt, hat euer Seelenkörper durch eure Gedanken und sogar durch die Berührung eurer Hände entweder eine liebende und heilende

Ausstrahlung oder andererseits eine schädliche und zerstörerische Wirkung.

Auf diese Weise entsteht eine geistige Verantwortung, die ihr verstehen sollt. Wenn ihr die Hand ausstreckt und die Hand eures Bruders oder eurer Schwester berührt, übertragt ihr Liebe und Güte durch diesen Händedruck. Wenn eure Hand ein kindliches Lebewesen berührt, übertragt ihr auf dieses Kind eine segnende Liebkosung oder eine Berührung, die abweisend und ungeduldig ist. Das fühlt das Kind in seinem empfindlichen Seelenkörper.

Wenn eure Hand das lebendige Tier berührt, das in einem so hohen Maße ein Teil eures Lebens geworden ist, gebt ihr diesem lebendigen Geschöpf einen Teil eurer höher entwickelten Seele und eures weiter entwickelten Wesens. Es ist das Gefühl dieser Berührung, das das Tier veranlaßt, sich entweder euch in Vertrauen zuzuwenden oder sich von euch fortzustehlen, weil es fühlt, daß etwas in eurer Seele nicht mit ihm in Harmonie und Einheit ist.

So oft sagt ihr während einer Unterhaltung, daß das Kind einen Instinkt hat, durch welchen es das Gutsein oder das Schlechtsein anderer Menschenseelen spürt. Ihr sagt auch, daß ein Tier einen Instinkt hat, durch welchen es erkennt, wer es liebt oder nur vorgibt, es zu lieben. Ich möchte euch aber sagen: Das Kind oder das Tiergeschöpf spüren den Wert einer Menschenseele nicht durch den Instinkt, sondern eher durch die Sensibilität des Gefühls. Das Kind oder das Tiergeschöpf fühlen die Ausstrahlung, die von euch ausgeht, und sie fühlen genauso unfehlbar die Ausstrahlungen, die von anderen Menschen ausgehen.

Das Gutsein und die Aufrichtigkeit der Menschenseele können nicht an der Erscheinung des äußeren Menschen gemessen werden. Man kann nicht das Seeleninnere der Menschenwesen an ihrer Kleidung erkennen und nicht an ihren Worten oder Besitztümern. Man kann nicht immer den Wert oder Nichtwert einer Menschenseele an den Worten erkennen, die andere Menschen über sie sagen. Ihr könnt das Gutsein oder das Schlechtsein des inneren Wesens nur an der Art der Ausstrahlungen ermessen, die durch den Seelenkörper ausgesandt werden. Die Ausstrahlung ist der einzige Maßstab, an dem die lebendige Kreatur und der einfache Mensch ihre Freunde und das Gutsein der inneren Seele erkennen.

Darum möchte ich euch sagen, ihr Lieben: Bewahrt als Schatz diese Zeichen, die euch von Zeit zu Zeit gegeben werden: Wenn sich ein kleines Kind euch instinktiv liebevoll und vertrauensvoll zuwendet; bewahrt als einen Schatz die Augenblicke, wenn euch ein Tier den Kopf zuwendet und ihr die Liebe in seinen Augen erkennen könnt; bewahrt als einen Schatz den Augenblick, wenn sich ein Vogel auf eurer Hand niederläßt, weil er voller Vertrauen erkennt, daß ihr wirklich sein Freund seid; bewahrt euch als Schatz die Augenblicke, wenn ihr erkennt, daß die Schwachen und Hilflosen der Erde euch vertrauen. Denn wenn ihr dieses spürt, so zeigt es in wahrhaftigster Weise und auf sicherste Art, daß ihr dem Licht entgegenwachst, und daß ihr euch als ein

Mensch erweist, der sich liebevoll und harmonisch mit der lebendigen Kreatur in einer Einheit befindet.

Wir lernen, miteinander zu leben in Einigkeit und Harmonie. Wir lernen, in Harmonie mit der ganzen lebendigen Kreatur des Alls, das uns umgibt, zu leben. Darum ist eure erste und wichtigste Lektion im irdischen Dasein, wie ihr Harmonie, Liebe und Einigkeit mit der Schöpfung, die euch umgibt, zum Ausdruck bringt. In den Jahren des irdischen Daseins werden euch große Gelegenheiten gegeben, denn euer Leben wird jetzt nicht mehr durch den Druck von Gefahren eingeengt. Ihr braucht nicht euer Leben in eurem Teil der Erde gegen den eisigen Winter zu schützen. Ihr braucht nicht mehr so zu leben, daß ihr euer kleines Leben gegen die Gefahren der Wildnis schützen müßt. Ihr könnt in Sicherheit und Frieden leben und eure kleinen Ländereien bearbeiten und euch mit den Gärten von Eden in Harmonie bringen, die in eure Obhut gegeben worden sind. Ihr könnt die Blumen der Erde pflegen und eure Hand liebevoll auf den Erdenkörper legen. Ihr könnt mit den euch nahestehenden Geschöpfen die Nahrung und den Unterhalt, eure Herzenswärme und die Intelligenz eures irdischen Bewußtseins teilen.

Dieses Zeitalter, in dem ihr lebt, ist ein geistiges Zeitalter wunderbarer Gelegenheiten, in welchem es euch möglich ist, einen Teil der lebendigen Schöpfung unter euren lebendigen Einfluß zu bringen. Dadurch könnt ihr die Intelligenz ihres Bewußtseins und die Liebe ihres Herzens – in der Katze, im Hund, im Pferde, im Haustier – vergrößern. Denn dieses ist ein Beitrag eures lebendigen Bewußtseins zum Garten Eden und zur Evolution, zur Entwicklung eurer ganzen Welt.

Darum möchte ich euch sagen, meine Lieben: Es ist kein Zufall, daß ihr hier in eurer Welt in euer Heim und euer Herz die inkarnierte Lebensform der Tiergeschöpfe nehmt, die man Haustiere nennt, und ihnen eure lebendige Liebe gebt. Ich möchte euch sagen: Wenn die Tiere zum Abschluß ihres irdischen Daseins kommen und sich ihre Seele im Leben jenseits des Todes weiterentwickelt, werden diejenigen, die eure Liebe individualisiert hat und die durch eure Pflege behütet wurden, in ein höheres Stadium der Evolution gebracht. Sie verbleiben in diesem individualisierten Stadium der Evolution selbst jenseits des irdischen Lebens im geistigen Leben.

Seid getröstet, ihr, die ihr ein Erdengeschöpf geliebt habt, und trauert, weil der physische Körper nicht mehr bei euch ist. Seid getröstet und wisset, daß der Geist noch existiert und sich entwickelt und von euch gesehen wird, wenn ihr zum Abschluß eures irdischen Daseins durch den Vorgang des Sterbens kommt. Wisset auch, daß die Menschen, die während ihres irdischen Lebens gern die Geschöpfe pflegten und die Schwachen und Verletzten retteten und ihre Zeit hergaben, um die Verwundeten und Schwachen zu betreuen, wegen ihrer Liebe zu den Tieren ihre Arbeit im Leben jenseits des Todes fortsetzen. Sie treffen dort die geliebten Geschöpfe, und die Tiere führen sie in die mächtigen Wälder und Felder und Gärten, in denen die Geschöpfe leben, bis sie wieder mit der Seele und dem Geist ihrer Herren und Herrinnen, die sie während ihres irdischen Lebens so sehr geliebt hatten, vereinigt werden können.

Ich möchte euch auch sagen, daß nicht nur diese Haustiere, die ihr geliebt habt, sondern auch die anderen Tiere, die von Menschen geliebt und gepflegt worden sind, in dem Maße, in dem ihr Bewußtsein und ihre Seele individualisiert wurden, daß diese Geschöpfe die Erinnerung an ihre Herren und Herrinnen bewahren. Wenn sie sie dann wieder treffen, bleiben sie in den Gärten des Friedens und auf den Weiden der Freude. Jeder von ihnen lebt glücklich mit dem anderen, bis sie auch anfangen, die große Leiter der Evolution hinaufzusteigen in die höheren Daseinsstufen und in höhere Daseinsebenen und in höhere Entwicklungsstufen. Weil dies so ist, wird ein Mensch, der ein lebendiges Erdengeschöpf liebt und pflegt – ganz egal, was er falsch macht, ganz egal, was für Sünden er begangen hat –, bei seinem Tode einen Freund und Führer finden. Denn das Tier wägt nicht ab, sondern liebt nur. In seiner Liebe wird es den Gefallen und den Sünder in das Licht führen – hinweg von schmerzlichen Selbstvorwürfen hin zur Erfüllung. Denn dieses ist das große und wundersame Miteinander der lebendigen Tiergeschöpfe mit dem Seelenleben der Menschengeschöpfe. Denn alle sind ein Teil voneinander, und alle bewegen sich vorwärts und aufwärts in dem herrlichen Fortschritt der Evolution, der Umwandlung, dem Wechsel. Dann wird das ganze Wesen der Erde langsam verfeinert, in feinere Materie umgewandelt und mit der Strahlung von Leben und Liebe erfüllt.

Wenn der Mensch sich entwickelt, entwickelt sich auch die Erde, und alle Dinge gehen auf ein immer höheres Stadium der Vollkommenheit und des Friedens zu.

Frage: Kannst du kurz über die Evolution der Tierseele sprechen?

Antwort: Die Tierseele – so wie die weniger entwickelte Menschenseele – kommt mit einem Gruppenbewußtsein. So sind viele Menschen, die ihr als individuelle Seelen anseht, in Wirklichkeit Teil einer Gruppenseele, die sich von einer niedrigeren Entwicklungsebene emporarbeitet. Genauso ist es mit den Geschöpfen der Tierwelt. In erster Linie gehören sie einem Gruppenbewußtsein an. Wenn nun diese Gruppenseele in die individualisierten Fazetten des Tierdaseins auf Erden durchbricht, so wird sie langsam an Macht und Weisheit vermehrt durch das, was jedes Tier zu ihr zurückbringt, nachdem seine Zeitspanne irdischen Daseins beendet ist. So habt ihr auf der Erde Elefanten, die große Kraft und Intelligenz besitzen. Diese Geschöpfe gehören einer Gruppe an. Aber während sie sich individualisieren, streift im Wald die Gruppe zusammen herum und begattet und liebt sich. Es kommt dann die Zeit, daß diese Elefanten bestimmte elementare Erdkräfte erkennen. Sie können sich dann erinnern, daß das grimmige, gestreifte Geschöpf ein Feind ist, den man fürchten muß. Wenn dieser Elefant stirbt, kehrt dieser Gedanke zum Gruppenbewußtsein zurück. Wenn dann andere Tiere zur Erde kommen, werden sie mit dem instinktiven Wissen geboren, daß der Tiger ein wilder und unnachgiebiger Feind ist, vor dem man sich hüten und gegen den man eine Art Krieg führen muß.

Es kommt auch vielleicht die Zeit, daß der Elefant mit dem Menschen in Kontakt kommt. Das Tier ist vielleicht verwundet worden, so daß es sich nicht selbst heilen kann. Aber ein Mensch findet vielleicht dieses Tier und benutzt vielleicht die Heilungselemente der Kräuter und seine Geschicklichkeit bei der Behandlung der Wunde. Indem der Mensch den Elefanten auf diese Weise heilt, entsteht vielleicht zwischen seinem Bewußtsein und seiner Seele mit dieser mächtigen Kreatur eine Verständigung, so daß sich der Elefant dem Willen des Menschen beugt und erkennt, daß er eine Geschicklichkeit und Weisheit ist, die den Elefantenseelen unbekannt ist. Wenn er dann am Ende seines Lebens zur Gruppenseele zurückkehrt, teilt er sein Wissen mit ihr – daß der Mensch Weisheit hat, die der Gruppe unbekannt ist. Wenn danach ein anderer Elefant auf die Erde kommt, fürchtet er vielleicht den Menschen nicht, sondern er fügt sich leichter dem Menschenwillen und arbeitet für ihn und lernt so viel über die Menschheit.

Wenn der Elefant stirbt, kehrt sein Bewußtsein zur Gruppenseele zurück. Aber weil er ein individualisiertes Wissen erlangt hat, einen höheren Intelligenzgrad durch seinen Kontakt mit Menschen, bleibt er ein Elefant, der fortgeschrittener als die Gruppe ist, in der er lebt. Wenn er dann zur Erde zurückkehrt, kennt man ihn als ein Tier, das große Intelligenz und Individualität besitzt. Wenn er dann wieder stirbt, kann er zur Gruppenseele zurückkehren, aber er wird anerkannt als eine individualisierte Seele, die dann hilft, die ganze Gruppe vorwärts zu führen auf einen höheren Bewußtseinsgrad; denn auf diese Weise entwickelt sich langsam die Tiergruppenseele.

Denn genauso wie ein Mensch Geisteskraft, geistiges Wissen und Individualität entwickelt, was ihn zum Meister und Führer der Menschen macht, so entwickeln auch die Tiere in der Wildnis ihre eigene Individualität und Weisheit, wodurch auch sie Führer ihrer Rasse werden. Wenn sie dann sterben, führen sei ihre eigene Rasse langsam in höhere Stadien der Individualisation.

Familienleben in der geistigen Welt

Wenn ihr mich bittet, für eine Weile über die Verwandtschaftsbeziehungen in der geistigen Welt zu sprechen, so möchte ich euch zuerst sagen: Ihr müßt wissen, daß hier in der geistigen Welt kein Familienschutz benötigt wird wie im irdischen Leben. Denn ist es nicht wahr, daß im irdischen Leben eine Familie gegründet und aufgebaut wird, weil Schutz benötigt wird? Menschen bilden kleine Gruppen, damit sie in der Sicherheit eines Heimes wohnen. In der Sicherheit dieses Heimes ziehen sie die Kinderseelen auf, die unter ihren Schutz kommen, und später ihre Kinder und dann als Mitglied des Familienkreises anerkannt werden.

Aus dieser Familieneinheit entwickelt sich das, was nicht immer Liebe ist, sondern ein Aspekt der Liebe, den man Loyalität nennt, den man als Einandermögen kennt, den man manchmal mit dem Wort Pflicht bezeichnet. Aber hier in der geistigen Welt verliert das Wort Pflicht seine Bedeutung, und das Sichmögen geht in wahres Sichlieben über. Darum ist es in den geistigen Reichen wahre Liebe, die Seelen zu einer Einheit zusammenschweißt. Aus diesem Einanderlieben und dieser Einheit formt sich oft das, was einer Familiengruppe, wie ihr sie auf der Erdenebene kennt, gleich ist.

Darum möchte ich euch sagen: Wenn wahre Liebe eine Gruppe im irdischen Leben zusammenhält und die Realität der Liebe in das Leben im geistigen Reich hineingetragen wird, dann bleibt die Familie während der vielen Erfahrungen und in den vielen Sphären im geistigen Leben eine Gruppe.

Wenn aber die Familie auf der irdischen Seite nur durch gemeinsames Interesse an Besitz oder durch eine ähnliche Gemeinsamkeit zusammengehalten wird oder wenn sie nur durch das Band der Pflicht zusammengehalten wird, dann kann sie in der geistigen Welt nicht mehr als Familienkreis zusammenhalten.

So müßt ihr nun die wahre Bedeutung des Einandermögens verstehen; denn es ist wahr, daß viele Menschen im irdischen Leben in einer Beziehung zueinander stehen, die nicht notwendigerweise echte Liebe ist. Sie besteht aus Loyalität und Pflicht und manchmal aus Notwendigkeit. Obgleich Toleranz oder Einanderverstehen in dieser Beziehung vorhanden sein können, so wird sie nicht im geistigen Leben fortbestehen, wenn es keine Liebe ist.

Wenn ich euch sage, daß diese Beziehung in der geistigen Welt nicht bestehenbleibt, so müßt ihr gewiß verstehen, was ich damit meine. Denn hier im nachtodlichen Stadium gibt es viele Ebenen. Als erstes gibt es das irdische Stadium; man nennt es den ersten Himmel. Dieses Stadium ist eurer irdischen Welt am nächsten. Oft durchdringt es eure irdische Welt.

Dann kommt die zweite Sphäre; es ist die Sphäre, in die Geistwesen kommen, nachdem sie für eine kurze Weile auf der ersten Ebene gewohnt haben. In dieser Sphäre finden wunderbare Wiedervereinigungen statt.

Von dort kommen sie in die dritte Sphäre; man nennt sie oft die wahre geistige Sphäre, den wahren geistigen Himmel. Er ist der Ort des Friedens und der Harmonie, der oft als Land des ewigen Sommers – als Sommerland – bezeichnet wird.

Jenseits des Sommerlandes gibt es andere Sphären und andere Grade des geistigen Lebens. Aber für euch im irdischen Dasein besteht nur die Notwendigkeit, daß man euch die erste, zweite und dritte Sphäre erklärt.

Darum möchte ich euch sagen: Nach dem Tode verbleibt die Seele nur eine Weile in der ersten Sphäre, die eure irdische, vergängliche Welt durchwebt. Darum kommt die Seele in die Atmosphäre eines innigst geliebten Heimes oder an einen Ort, das oder der in vieler Hinsicht dem ähnelt, wo sie während ihres irdischen Daseins lebte oder wohnte.

Wenn wir erfahren, daß ein lieber Mensch die irdische Welt verlassen wird, geschieht es oft, daß die Geistwesen aus der Familie, die ihn kennen und lieben, sich nähern und ein Abbild des gewohnten und geliebten Wohnortes aufbauen. Vielleicht bringen sie Sachen hin, die der Sterbende liebt – wie Bilder oder sogar einen geliebten Stuhl, der ihm während seines Alters oder seiner Krankheit Bequemlichkeit und Sicherheit gab. In dieses Heim bringen die liebevollen Geistwesen Blüten und Pflanzen, die die Seele, die nun aufs neue geboren wird, liebt. Wenn es Tiere gibt, die sie gern hatte, so bringt man sie auch in die Nähe des Heims, um die neugeborene Seele, die diese Haustiere so liebte, zu begrüßen. So kommt er oder sie nach dem Verlassen des irdischen Körpers an einen Ort, der nicht fremd, sondern dem ähnlich ist, den die Seele im irdischen Leben kannte. Wenn solch ein Mensch wahre Liebe im Herzen oder einen Freund hat, dann werden diese Geistwesen dasein, um diese Seele zu begrüßen, um Liebe und Heilung zur Zeit des Erwachens aus dem Todesübergang zu schaffen.

Wenn dieses Neugeborene – aus dem irdischen Dasein in das geistige Leben geboren – sich an das neue Leben und den neuen Körper gewöhnt hat, dann erfolgt das große Wiedersehen. Dann heißen es die Mitglieder der Familie willkommen, die die Seele kannten und sich an sie erinnern. Das können Eltern, Großeltern, Schwester oder Bruder oder Kinderseelen sein, die nicht lange im irdischen Dasein verweilten, und Freunde oder Verwandte, die die Seele vielleicht erinnern. Das gibt dann für sie alle eine wunderbare Wiedervereinigung und eine große Freude.

Wenn nun die Liebe dieser Familiengruppe wieder aufgerichtet ist, geschieht das, was man ein automatisches Zustandekommen derjenigen, die mit dieser Seele – durch innigste Liebesbande verbunden sind, nennt.

Die anderen in dieser Gruppe entfernen sich, um ihre verschiedenen Aufgaben zu erfüllen. Sie gehen in ihr eigenes Heim, von wo sie vielleicht von Zeit zu Zeit kommen, um eine Wiederbegegnung, eine Erneuerung der Liebe mit der Familiengruppe, in die das Neugeborene eingegliedert wurde, zu erleben. Denn hier in der Welt des Geistes ist es die große Anziehungskraft der Liebe, die bei allen Beziehungen dominiert. Das, was im irdischen Dasein schön war, das, was im irdischen Leben als etwas Gutes geschah, kann oft als etwas abfallen, das nicht notwendigerweise die Seelen hier im geistigen Leben verbindet.

Welch eine Freude ist in dieser wunderbaren Erneuerung des Zusammenlebens! Denn diejenigen, die so verbunden sind, finden eine Wohnung oder einen Ort in den großen Feldern geistiger Schönheit. Sie bleiben dann oft einfach nur lange Zeit zusammen, um Gedanken auszutauschen und einander Liebe zu erweisen. So wie im irdischen Leben oft Liebende zusammensitzen und schweigend die Hände halten und einander ansehen, so ist es auch im geistigen Leben. Die durch Liebe eng verbunden sind, sitzen oft nahe beieinander, um das Einssein zu erleben und Liebe auszutauschen. Das kann euch im irdischen Dasein wie Monate oder manchmal Jahre erscheinen, obgleich es den Liebenden nur wie ein Augenblick vorkommt. Denn hier im wahren geistigen Reich verliert die Zeit, wie ihr sie im irdischen Leben kennt, ihre Wichtigkeit. So kann es sein, daß die Liebenden in dieser Einheit in Liebe jahrelang bleiben, bevor sie sich dann entschließen, zu anderen Ebenen geistiger Aktivität fortzuschreiten, wo sie dienen und wachsen können oder von anderen Dingen erfahren und andere Orte kennenlernen können.

In diesem Sommerland, in dem die Liebe aufgerichtet wird – die Einheit der Liebe –, gibt es die Liebe des Mutterherzens und des Vaterherzens für Kinder. So wird die Liebe, die auf Erden nicht durch Elternschaft ihre Erfüllung fand, hier in der geistigen Welt befriedigt. Denn diese Mutter- und Vaterseelen gehen an die Orte, wo die Kinderseelen wohnen. Dort können sie dann ihre Liebe und Fürsorge auf die wachsenden und sich entfaltenden Kinderseelen ausschütten. Sie erwidern mit spontaner Liebe diese Zuwendung, die diese Seelen brauchen.

Nach einer gewissen Zeit im Sommerland können die Seelen dann die Erfahrung der Wiedervereinigung mit anderen Seelen erleben, die nicht notwendigerweise zu der Familie in diesem Erdenleben gehörten, sondern die diese Seelen an anderen Orten und während anderer Erfahrungen gekannt haben. Das sind manchmal geistige Wesenheiten, die man Führer oder Helfer nennt. Manchmal sind es geistige Wesenheiten, die diese Seele in lange vergangenen Jahrhunderten geliebt haben.

So kann sich allmählich eine neue, in Liebe verbundene Gruppe bilden, die man mit Familiengruppe bezeichnen kann. Aber es braucht nicht unbedingt eine Familiengruppe zu sein, wie ihr sie auf der Erde kennt.

Darum möchte ich euch sagen: Wenn ihr nun so durch die Jahre eures irdischen Lebens schreitet, so habt keine Angst davor, einander zu lieben. Habt nicht das Gefühl, daß eure Liebe auf diejenigen beschränkt bleiben muß, die in die Sicherheit desselben Familienheimes hineingeboren werden. Sondern wisset: Ihr könnt – im geistigen wie auch im irdischen Leben – Menschen treffen, die mit euch eine Seelenverwandtschaft haben. Mit denen bleibt ihr sowohl im irdischen als auch im geistigen Leben weiter in schöner Seelenfreundschaft und in Liebe verbunden.

Wenn es geschieht, daß ihr im irdischen Leben eure Liebe zu einem anderen Menschen aus Treue oder Pflicht opfern müßt, dann wisset: Wenn ihr in das geistige Leben eintretet – wenn zwischen euch und dem anderen wahre Liebe herrschte –, wird diese im geistigen Leben wieder eingesetzt werden. Denn hier im geistigen Leben ist die Liebe die Grundnote, durch Liebe wird Einheit erlangt, und Liebe schafft die wahre Familienbeziehung.

Selbstmörder: Gesetze der geistigen Welt

Liebe Brüder und Schwestern, ich grüße euch und versiegele euch mit dem Symbol und Zeichen der geistigen Liebe, wenn ihr mir den Gedanken zusendet, euch etwas von dem zu erzählen, was im Leben derjenigen geschieht, die selbst ihrer Reise auf der vergänglichen, irdischen Ebene ein Ende bereiten, die ihr Dasein in den anderen Regionen des geistigen Lebens fortführen. In eurer irdischen Sprache hat es sich eingebürgert, dieses Ende Selbstmord zu nennen. Aber in der geistigen Sprache ausgedrückt sagen wir, daß der Halt des Geistes am irdischen Körper schwächer wird, daß er dann den Halt an dem Körper, den er für sich geschaffen hat, gelöst hat.

Es gibt keine geistige Wesenheit, die das Urteil über diejenigen fällt, die ihr irdisches Leben selbst beenden. Es gibt auch keinen Gott in einem fernen Himmel, der auf sie herabsieht und sie in dunkle Regionen verbannt. Denn in den geistigen Regionen spielt sich das Leben in einer bestimmten Ordnung ab. Es wird durch natürliche Gesetze geregelt. Sie sind so natürlich und einfach wie die Gesetze, die das Leben im irdischen Dasein regeln.

Manchmal ist es so, daß denjenigen, die ihrem Leben ein Ende machen, tatsächlich Kummer und Pein zuteil werden. Es ist aber nicht etwas, das ihnen als Strafe auferlegt wird. Es ist vielmehr die ›Strafe‹, die sie als Teil des natürlichen Gesetzes der Welt, in der sie leben, erhalten. Immer und überall leben geistige Wesenheiten, deren Herz mit Mitleid erfüllt ist, und die sich bemühen, die Verlorenen, die Einsamen und Unglücklichen zu finden, um sie aus dem Leid in die Friedensregionen zu führen. So wie es in der geistigen Welt ist, so ist es auch auf der irdischen Welt. Auf der irdischen Welt habt ihr Menschen, deren Herz mit Mitleid und dem Wunsch erfüllt ist, zu helfen. Sie suchen diejenigen auf, die – noch den irdischen Körper benutzend – Selbstmord verüben, indem sie ihren Körper mit dem schädlichen Alkohol oder mit verderblichen Drogen füllen.

Ich möchte euch sagen: Dieses ist ein Selbstmord der Seele. Es ist ein Zugrunderichten, das mitten in eurem Leben stattfindet. Doch es gibt Menschen, die sich dieser Art Selbstmörder widmen, die sie lieben und versuchen, sie aus ihrem Elend zu befreien und sie in die Lebensweise der Ordnung, der Harmonie und des Glücklichseins hineinzubringen. Genauso ist es in den geistigen Regionen. Dort pflegen geistige Wesenheiten diejenigen, die ihrem Leben in Elend ein Ende gemacht haben. Sie versuchen, sie zurückzubringen in die Liebe, in Frieden und Harmonie.

Darum möchte ich euch sagen: Euer Geist benutzt den Ätherkörper, der mit Lebensenergie eurer irdischen Welt aufgeladen ist. Euer Geist benutzt den irdischen Körper, der aus Fleisch und Knochen und all den irdischen Substanzen besteht. Euer Geist benutzt auch euren Gefühls- und Bewußtseinskörper.

Wenn ihr ans Ende eures irdischen Lebens kommt, gibt der Geist den Zusammenhalt mit dem irdischen Körper, mit dem Ätherkörper und mit dem Gefühls- und Gedankenkörper auf. Ihr müßt nun einsehen, daß dieses Aufgeben, so wie es vor sich geht, ein allmählicher Vorgang sein muß. Es ist ein allmählicher Prozeß, ein allmähliches Zurückziehen, damit die Elemente des irdischen Körpers zur Erde zurückkehren können, und damit die Kraft des Ätherkörpers in die Aura dieser eurer Welt zurückkehren kann. Euer Geist kann dann noch eine Zeitlang fortfahren, durch den Gefühls- und Gedankenkörper zu lernen, der dann euer Geistkörper wird, wenn euer irdisches Dasein beendet ist.

Könnt ihr darum nun verstehen, wie es ist, wenn ihr eurem irdischen Dasein plötzlich ein Ende bereitet und das Band zwischen eurem Geist und dem sterblichen Körper plötzlich zerreißt? Ihr müßt wissen, daß wohl die Verbindung unterbrochen ist, aber die schwereren Ausströmungen der Erde, das heißt des physischen Körpers, und die schweren Ausströmungen des Ätherkörpers sind nicht erschöpft. Darum ist euer Geist – obgleich er seine Bindung an den irdischen Körper gelöst hat – noch an die Seelenausstrahlungen gebunden. Dadurch werden nun die Seele und der Geist an die Aura der irdischen Welt gebunden. Der Geist kann also nicht aufsteigen, bis die Energie des Ätherkörpers abgebaut ist, er kann nicht aufsteigen, bis die Energie, die im physischen Körper ist, aufgelöst ist. Erst danach ist es dem Geist sehr, sehr langsam möglich, sich von der Welt, an die er gebunden ist, zu lösen und sich zurückzuziehen. Erst dann fängt für ihn der Aufstieg in die höheren Regionen des geistigen Lebens an.

Es gibt tatsächlich einige Ausnahmen von diesem Gesetz eurer irdischen Welt. Einige beenden ihr Leben aus eigenem Willen durch einen langsamen, stetigen Prozeß, wenn sie zum Beispiel ihrem Körper die Nahrung entziehen. Dann sagt ihr: Dieser Mensch hat sich zu Tode gehungert. Ich möchte dazu sagen: Während dieser stetigen Nahrungslosigkeit findet ein allmählicher Gewichtsverlust statt und damit eine Reinigung der Körpersubstanz. Das ist so natürlich wie bei einem normalen Tod, wobei die Körperelemente leichter und gereinigt werden, wobei auch der Ätherkörper selbst leichter wird. Wenn also der Mensch aus eigenem Willen verhungert, dann wird er nicht am Ende seines Selbstmordes in den niedrigen Regionen des geistigen Daseins festgehalten – es sei denn, sein Herz ist mit Haß erfüllt. Wenn er keinen Haß fühlt, steigt er automatisch in das geistige Dasein auf und wird mit seinen Lieben vereinigt.

Dasselbe Gesetz gilt für die, die sich aus eigenem Antrieb entschließen, ihr Leben durch Feuer zu beenden, weil Feuer auch eine reinigende Substanz ist. Wenn es also der Wille ist, das Leben durch das Verbrennen des Körpers zu beenden, dann werden die Elemente des Körpers schnell und reibungslos in die Grundelemente der Erde umgewandelt. Der Ätherkörper wird gleichermaßen schnell gereinigt. So kommt dieser Selbstmörder schnell und leicht in das Stadium des geistigen Daseins und wird mit denen wieder vereinigt, die er oder sie liebt – es sei denn, die Seele ist von Haß erfüllt. Wenn die Seele Haß fühlt, wird der Selbstmörder tatsächlich eine

Zeitlang in den erdnahen Regionen gehalten. Denn Haß und das Gelüst nach Rache haben eine Anziehungskraft, die die Seele der Erdenseele nahebringt.

Aber die Menschen, die ihr Leben beenden, indem sie die Luft aus ihren Lungen pressen, haben den Tod nur durch Mangel an Luft herbeigeführt. Darum ist der Körper noch voller Lebensenergie, und der Ätherkörper ist noch kraftvoll. Deswegen halten sich diese Seelen noch oft in den grauen, erdnahen Regionen auf bis zu der Zeit, wenn die Energie erschöpft ist. Diejenigen, die ihren Körper ins Wasser stürzen, führen auf gleiche Weise den Tod herbei, indem sie einfach Luft aus der Lunge ausschließen. Dadurch werden die Kräfte des Körpers nicht genügend geschwächt, um diesen Menschen zu gestatten, schnell das geistige Leben zu erreichen.

Wir treffen noch andere im geistigen Dasein. Sie konnten die qualvollen Schmerzen ihres Körpers nicht länger ertragen, als er durch Krankheit zerstört wurde. Sie haben in höchster Pein ihr Leben beendet. Wenn wir ihnen begegnen, sagen sie zu uns: Lichtgeister, was für eine schreckliche Tat habe ich begangen; möge mir vergeben werden. Wir halten dann ihre Hände und weisen ihre Augen hinauf ins Licht. Denn sie sind schon durch die Läuterungsprozesse des Körpers und des Ätherkörpers gegangen, da die Krankheit den Körper selbst zerstört hat. Es ist uns möglich, sie über die Erinnerung an ihre Schmerzen hinaufzuheben in das klare Licht der Heilung.

So geschieht es auch mit einigen, die unter der Verfolgung von Tyrannen denken, daß die Zukunft für sie keine Hoffnung enthält. Diejenigen, die sie lieben, haben ihren Lebensweg verlassen; und manchmal – in dem Grau der Verlassenheit und in der Hoffnungslosigkeit ihres Lebens – beenden sie das irdische Dasein. Wenn wir sie beim Wandern in den grauen Sphären finden, sehen sie unser Licht. Sie wenden sich ihm zu und sagen: Immer noch ist die Welt dunkel; gibt es keine Hoffnung, gibt es keine Freude im All? Aber in Liebe bringen wir sie mit Geistwesen in Verbindung, die sie im irdischen Leben kannten, mit Geistwesen, die sie geliebt haben, damit eine Kette aus Licht gebildet wird. So wird der, der seinem Leben in Verzweiflung ein Ende bereitet, durch die goldene Kette – aus Liebe bestehend – mit anderen Geistwesen verbunden, damit Hoffnung wieder aufleben kann, und solch ein Wesen langsam in die Hoffnung, in das Licht, in die Liebe hinaufgetragen werden kann. Die Körperkräfte, die sich noch nicht aufgelöst haben, werden es langsam tun. Dieses geschieht dann durch ihren Dienst und ihre Hilfe in den erdnahen Regionen oder auf der Erde selbst. Sie gewähren dann einem Bewohner dieser Welten Anteil an der wunderbaren Kette aus Licht und Liebe, welche sie mit den Lichtregionen verbindet. Auf diese Weise – durch Dienst und Liebe – löst so ein Verfolgter, der zum Selbstmörder wurde, die Körperenergien auf. Dann beginnt sein Aufstieg in die höheren Regionen.

Ich möchte euch sagen: Es gibt viele Gründe, warum Erdenkinder dazu kommen, ihre Erderfahrung selbst zu beenden. Wir möchten, daß ihr, die ihr euer Leben hier auf der Erde lebt, ihnen keine Gedanken der Verzweiflung oder des Abscheus zusendet, sondern Lichtgebete und Ermutigungsgedanken. Dann könnten sie – wenn sie versuchen, den Weg aus den Leiden in den Frieden zu finden – durch neue Gebete und durch eure Liebe hinaufgetragen werden. Denn es ist wahr, daß in der Gegenwart so viele Erdenkinder plötzlich ein Gefühl der Hoffnungslosigkeit erfaßt. Wenn sie feststelleln, daß der Erdenweg schwierig ist, erinnern sie sich oft an den Todesfrieden, den sie früher einmal beim Sterben erfahren haben. Wenn sie sich an diesen Frieden erinnern, kommt ihnen plötzlich der Wunsch, in diesen Frieden zurückzukehren. So geschehen die erschütternden Tragödien, daß einige eurer jungen Männer und Mädchen – in Schwierigkeiten geraten – ihrem Leben ein Ende bereiten. Es ist jetzt an euch, meine Lieben, ihnen in Gedanken Verständnis zu zeigen, ihnen Gedanken der Liebe zu senden und ihnen in Gedanken zu sagen: Wir wissen, daß ihr soviel Liebe braucht. Wir geben euch unsere Liebe. Schaut auf das Licht und steigt aus eurem Zustand der Qualen in den Frieden und in die Harmonie des Geistes auf.

So könnt ihr ihnen auf ihrem Weg helfen; und ihr könnt den Dienenden helfen, die sie aus ihrem Elend hinauftragen in die Helligkeit des wahren geistigen Lebens hin zu den Gelegenheiten, durch welche sie wieder angeregt werden, zu dienen und zu helfen. denn dies sind das Gesetz und der Weg des Geistigen.

Das schöpferische Leben

Meine lieben Brüder und Schwestern, ich möchte euch in dieser stillen Abendstunde den Gedanken bringen, daß ihr wahrhaftig in der herrlichen und geheimnisvollen Macht göttlichen Lebens und göttlicher Liebe gebadet seid, und daß diese Macht diesen Raum erfüllt und einen Druck auf euren Körper ausübt, daß ihr sie mit dem Atem in den Körper aufnehmt und daß sie ein Teil eures eigenen Selbst und eurer Seele ist. Ihr befindet euch in dem großen Lebensäther Gottes. Es ist dieser Lebensäther, der jeden einzelnen erhält, der den Körper in Harmonie erhält, der dem Geist, der den Körper benutzt, Nahrung gibt, die wahrhaftig von den großen Lebenselementen zur Verfügung gestellt wird. Es ist wirklich so, daß jeder von euch in dem großen Ozean des Gotteslebens ist, und dieses Leben ist ein Teil von euch, und ihr seid ein Teil davon.

Einige von euch haben dieses bei ihrer Suche nach Wahrheit erkannt; jedoch macht ihr immer noch nicht den besten Gebrauch während eurer Suche nach Wahrheit und Selbsterfüllung von der Einheit mit dieser großen Lebenskraft, die euch umgibt. Denn in dieser großen Lebenskraft des Meisterschöpfers, den ihr euren Gott nennt, befindet sich alle schöpferische Tätigkeit; darin befindet sich die Lebensessenz. In dieser großen Lebenskraft befindet sich alles, was der Mensch zum Leben braucht, während er seine Inkarnation in der Atmosphäre des Erdenreiches durchlebt. Darum möchte ich euch sagen, daß jeder Mensch lernen sollte und könnte, sich auf diese große Lebenskraft einzustimmen und alle ihre Möglichkeiten auszuschöpfen. Einige von euch, die hier sind, möchten Heiler werden, damit sie wirklich durch sich selbst erneuertes Leben, neue Kraft, neue Harmonie ihren Brüdern und Schwestern geben können, denen, die das Gefühl für die Einheit mit diesem ewig fließenden Strom des Lebens und der Vollkommenheit verloren haben. Es wäre gut, wenn jeder von euch versuchen würde, diese mächtige Kraft zu individualisieren durch das Bewußtsein, daß das, was universell ist, persönlich wird, wenn es durch das individuelle Bewußtsein eines inkarnierten Geistes verändert und konzentriert wird.

So kann ein Mann oder eine Frau durch die individuelle Entwicklung das sammeln und konzentrieren und in eine personifizierte Form bringen, was universell ist. In dieser Form kann es dann eine große Wohltat für die Brüder und Schwestern im irdischen Leben sein.

Darum möchte ich euch sagen, daß ihr lernen solltet, regelmäßig in die Gebetsruhe zu gehen, und daß ihr lernen solltet, mit genügend Verständnis zu atmen – in dem Wissen, daß ihr mit dem Atem beim Einatmen aus der euch umgebenden Lebensessenz alles, was ihr wünscht, entnehmen und es individualisiert durch die Tätigkeit eures Bewußtseins wieder hinaussenden könnt. Wenn ihr vielleicht den Wunsch habt, Heilung und Lebenskraft denen in eurer Welt zu bringen, die krank und in Disharmonie sind, oder wenn ihr dieses für euch selbst wünscht, so solltet ihr lernen, die Lebenskraft des Meisterschöpfers bewußt einzuatmen und als Heilung wieder auszuatmen. Während dieses stillen, stetigen Ein- und Ausatmens, wobei sich eure Gedanken auf das Gewünschte konzentrieren, zieht ihr aus der allgemeinen Lebensessenz etwas, das dann für diejenigen, die auf der Erde sind, konzentriert und individualisiert wird. Während ihr nun diese konzentrierte Lebenskraft hinausatmet, sollten eure Hände oder eure Gedanken diese Lebenskraft auf den Menschen übertragen, dem ihr Gesundheit und Harmonie wiedergeben möchtet. In dieser großen Lebenskraft des Meisterschöpfers ist nicht nur Leben enthalten, sondern auch das, was die Essenz des Lebens selbst ist: die Liebe. Ich bin sicher, daß es die Liebeskraft des Meisterschöpfers ist, die den Zusammenschluß der verstreuten Elemente verursacht und die die Vereinigung der Erdkräfte ins Dasein ruft, die die Schönheit als Pflanze oder als Stein hervorbringen. Das Element der Liebe ist in der universellen Lebenskraft enthalten. Wenn ihr nun Liebe denen bringen wollt, die kalt geworden sind und die sich dem Tun in Dunkelheit und Grausamkeit hingeben – die der Liebeskraft des Schöpfers beraubt sind –, sollte es dann nicht so sein, daß ihr als Heiler wünscht, sie mit der konzentrierten Liebeskraft, die dem großen Gott selbst eigen ist, zu umhüllen?

Darum solltet ihr euch in den Zeiten des Friedens und der Stille, während ihr ein- und ausatmet, auf den Gedanken konzentrieren, daß alle Dinge in dieser Meisterschöpferkraft enthalten sind; wenn ihr dann bewußt einatmet, zieht ihr aus der in der Luft enthaltenen Lebenskraft die Strahlen der Liebe und konzentriert sie in Gedanken auf diejenigen, die ihr wärmen, harmonisieren und mit Liebe erfüllen möchtet. Wenn euer eigenes Leben der Liebe beraubt ist und ihr euch bewußt werdet, daß die Sanftheit eures Herzens durch die Gleichgültigkeit der Welt ersetzt wird – auch dann könnt ihr von der großen Gotteskraft einatmen, die Kraft der Liebe herausziehen und sie in der Stille in euer eigenes Wesen hineinziehen, damit sie den Kummer des Herzens oder die Krankheit des Herzens oder die Krankheit der Gedanken heilen möge.

Auch ist in dieser großen Lebenskraft des Meisterschöpfers die Schöpferkraft des ewigen Ganzen enthalten. Einige von euch möchten in der Welt, die euch umgibt, Schönheit schaffen, damit Schönheit und Ordnung als Harmonie und Freude erblühen mögen. Trotzdem sagt ihr manchmal ganz verzweifelt: Ich kann nicht das erschaffen, was anderen die Vision der Schönheit, die ich sehe, übermittelt. Ich sage euch jedoch, daß in diesem großen Ozean des Lebens alle schöpferische Tätigkeit enthalten ist. Die Schöpferkraft, die ihr in der Natur seht als Entwicklung von Knospe und Laub, ist nur ein kleiner Teil der Schöpferkraft des Ganzen; denn die Schöpferkraft eures mächtigen Geistes ist ebenso an der Arbeit in der Seele wie im Herzen. Sie wird sich an jeder Stelle auswirken, wo eine Spalte im Bewußtsein gefunden wird, so daß schöpferische Aktivität sich hineinwagen kann. Darum ist es möglich, Leben einzuatmen. Atmet es mit Sicherheit und Verständnis ein und zieht beim Einatmen aus der großen Lebenskraft die schöpferischen Ideen, die ihr braucht, und öffnet euch der strömenden Schöpferkraft, welche in dem euch umgebenden Lebensäther enthalten ist. Wenn ihr dann euren schöpferischen Wunsch hinausatmet, könnt ihr auch – wenn euer Wissen wächst – eure Gedanken mit der Vision beschwingen, die ihr erschaffen wollt. Denn sobald der Mensch an Weisheit zunimmt, kann er für sich selbst weise und gut die Bedingungen erschaffen, welche er in seinem irdischen Leben wünscht, oder er kann die Bedingungen erschaffen, welche er zum Wohle anderer Männer und Frauen wünscht, oder er kann mit dem gleichen Extrakt aus der universellen Lebenskraft schöpferisch tätig sein, damit der Extrakt individualisiert wird, oder er kann einfach Schönheit, Musik, Harmonie und Lieblichkeit erschaffen, um den Erdenkindern Freude zu bringen.

An dieser großen Lebenskraft des Meisterschöpfers gibt es keinen Mangel. Es gibt kein Zuwenig dieser Lebenskraft; die Lebenskraft wird nicht weniger, wenn Gott durch seinen Willen die lebendigen Formen aller seiner Welten schafft. Warum sollte es dann so sein, daß der Mensch – der teilhat an der göttlichen Natur – meinen sollte, daß er diese Macht nicht in Schöpferkraft und in Wahrheit benutzen kann? Denkt über diese Dinge nach, welche ich euren Gedanken eingebe. Versucht, diese Idee in eurem geistigen Bewußtsein zu behalten: Wenn die Fesseln eurer irdischen Wünsche und Begierden gelockert sind, wenn euer Verständnis vergeistigter wird, so könnt ihr als erwachsene Söhne und Töchter des Höchsten den Schatz des Geistes beanspruchen, welcher jedem gegeben ist, um ihn in Wahrheit und Frieden zu benutzen.

Sogar schon während ich spreche, höre ich die stille Aussendung des Gedankens: Heißt das auch, daß wir dem universellen Äther die Tugenden entziehen können, die wir wünschen? Meine Lieben, ich möchte euch sagen, daß das tatsächlich wirklich so ist. Man könnte sagen, daß dieses die wahre Grundlage des Gebetes ist; denn wenn Menschen sich bemühen, sich dem Gebet hinzugeben, stimmen sie sich dann nicht auf das ein, was sie wünschen? Sie können dem universellen Äther Sanftmut und Stärke entnehmen, sie können Heilung und Leben entnehmen; sie können Heilung und Leben in solchem hohen Maß entnehmen, daß sie durch stille Gedanken die zerschmetterten Finger an ihrer Hand wieder aufbauen können oder die normale Sehkraft im Auge wieder herstellen können. Das bedeutet nur die weise Entnahme der Liebeskraft aus dem Lebensäther mit der Konzentration und dem Verstehen, daß die gewünschten Dinge geschehen werden. Aber nicht alle Männer und Frauen sind soweit, daß sie dieses verstehen. Denn es gibt noch solche, die mit den Fesseln des Selbst gebunden sind; wenn diese nun versuchen, das, was sie wünschen; ein- und auszuatmen, erleben sie eine Körperschwere, die die Aktivität des Geistes hemmt, so daß sie nicht die Eigenschaft, die sie wünschen, entnehmen können. Dies ist die Sicherheitsmaßnahme, die der große, allweise Gott in seiner Weisheit getroffen hat. Aber für diejenigen, die bereit sind zu verstehen, und für die, die sich mit Leib und Seele dem Dienen widmen, möchten wir sagen, daß darin tatsächlich der Schlüssel zu einem großen Wissen liegt, daß darin ein Weg enthalten ist, die Tür zum erweiterten Verständnis aufzuschließen, durch die jeder von euch in euer Erdenreich Frieden, Heilung, Erneuerung des Verständnisses für die Entfaltung der geistigen Macht bringen kann.

So möchte ich euch in Frieden und Harmonie grüßen als Geschwister, die an Wissen wachsen und denen wir die Schlüssel des Wissens im Verstehen und in Wahrheit geben können.

Das Geheimnis strahlenden Lebens

Eure Fähigkeit, das strahlende Leben, die euch immer wieder aufladende Energie zu erlangen, liegt ganz gewiß darin, sich von den Sorgen, den Verletzungen und dem ausschließlichen Befassen mit den täglich anfallenden Dingen zu befreien. Denn wenn ihr nicht lernt, euch davon zu befreien, tragt ihr eine schwere Last, und das euch immer wieder erneuernde Leben geht an euch vorüber. Weil dem so ist, solltet ihr das Geheimnis der weisen Seele erlernen.

Das Geheimnis der weisen Seele, die die irdischen Erfahrungen durchmacht, ist einfach: Wenn ihr zum Ende eures Tages oder eurer Nachtarbeit kommt, solltet ihr einen kleinen Teil des kostbaren Schatzes eurer Zeit auf Erden damit verbringen, euch die Ereignisse des Tages zurückzurufen und euch davon zu befreien. Ruft euch alles, was während der vergangenen Stunden geschah, ins Gedächtnis zurück und sendet demjenigen, der euch Bitternis verursacht hat, Gedanken friedfertiger Vergebung und Liebe. Wenn ihr eine schwere Erfahrung gemacht habt, befreit euch am Ende des Tages davon. Segnet das, was ihr versucht habt zu tun, und sagt zu Gott, dem Geber aller Dinge: Ich habe mein Bestes getan, ich kann nicht mehr tun. In deine Hände lege ich dieses Problem und diese Arbeit. Wenn ihr dann den vergangenen Tag überdenkt, so verzeiht allen, liebt und segnet jeden, mit dem ihr in Berührung gekommen seid. Denkt an die Worte, die gesprochen wurden, und deckt sie mit der Sanftheit der Liebe zu. Ihr könnt das, was geschehen ist, nicht wieder rückgängig machen. Aber wenn ihr daran denkt, so deckt das Geschehen mit dem Mantel eurer liebevollen Gedanken zu und bringt es ihm dar, dem Geber aller Dinge, im Gebet und sagt: Dieses fühle ich, dieses tue ich, dieses versuche ich, dieses vergebe ich, dieses verletzt mich, und dieses kann ich nicht vergeben. Hilf meinem Nicht-vergeben-Können!

So tretet ihr unbelastet durch unnötige Erinnerungen in die Stunden der Ruhe ein. Dann tretet ihr leicht, in Harmonie und frei von den Beschwernissen der Tageszeit über in die Stunden zum Ausruhen und zur Erneuerung. Dann können während der Ruhestunden die erneuernden Lebenskräfte, die in der Natur wirksam sind, euren Körper durchströmen und in euer Ätherselbst eindringen. Sie können jede Zelle, die Teile eures Wesen wieder aufladen und erneuern.

Wenn ihr dann in die Geburt eines neuen Tages eintretet, könnt ihr leicht und unbeschwert – weil der Körper erneuert und die Seele unbelastet ist – in das Geschenk der neuen Zeit eintreten – in den kommenden Tag. Nun seid ihr erleichtert, neu mit Energie aufgeladen und voller Freude und könnt den Gedanken an den kommenden Tag segnen, indem ihr eure Gedanken einfach wieder auf Gott lenkt und sagt: Gib mir die Kraft, die Weisheit, die Liebe und das Verstehen und rechtes Verständnis, diesen Tag mit allem, was gut ist, mit allem, was weise und richtig ist, auszufüllen.

Ich möchte euch sagen: Was auch immer eure Aufgabe ist, was für Prüfungen ihr auch zu bestehen habt, auf welche Weise sich euer Leben gestaltet, auf welchen Pfaden eure Füße wandeln mögen, ganz gleich, was für eine Gestalt oder was für ein Alter euer Körper hat – immer segnet euch das von Freude überquellende Leben, wenn ihr lernt, eure Tage und Nächte weise und erkenntnisreich anzupacken. Durch das strahlende, euch erneuernde Leben, das aus der großen Zentralquelle fließt, könnt ihr voller Freude alle eure Wege gehen, und es gibt euch die Erneuerung, die ihr braucht, die Kraft und Erkenntnis. Dann geht ihr nicht die Straßen eurer Stadt entlang mit schweren, müden, ja erschöpften Schritten; dann haltet ihr den Kopf hoch, strafft die Schultern und geht, als ob ihr Flügel hättet – mit leichtem Schritt, freudig und strahlend. Denn dann fließt aus euren Händen und Augen, aus eurem ganzen Wesen, das immer wieder erneuernde Leben des großen Meisterschöpfers, des Meistergebers alles Guten, in einem Übermaß an Energie und immer wieder sich erneuernder Freude.

Wahrlich möchte ich euch sagen: Die Erde braucht Freude, die Erde braucht Fröhlichkeit, die Erde braucht geistige Kraft, die jeder von euch beisteuern kann. Darum legt den Mantel der Sorgen ab. Legt den Mantel des geistigen Frohsinns an. Haltet ihn mit dem goldenen Edelstein eurer Hingabe zusammen, nehmt das Kreuz, das das Symbol eures Dienstes ist, in die Hände. Dann könnt ihr eure Brüder und Schwestern segnen, heilen, ihnen das Leben erleichtern und sie aufrichten, während ihr unter ihnen weilt. Dann offenbart ihr euch in allem, was ihr tut, als die Kinder des höchsten Schöpfergeistes, indem ihr selber zu Schöpfern werdet und Glück, Harmonie und Licht erschafft, während ihr die Erfahrungen des irdischen Lebens durchmacht.

Die Läuterung der Seele

Ich möchte sagen, ihr Lieben, daß es so etwas wie ›geistige‹ Läuterung nicht gibt; denn Geist ist rein und ist erfüllt von Licht. Geist in seiner ihm eigenen Macht und an seinem eigenen Platz hat die Qualität durchscheinender Reinheit eines lupenreinen Diamanten oder eines glänzenden Tautropfens. Aber während ihr euer Leben lebt, versucht euer Geist, seinen Willen durch euren vergänglichen Körper und durch euer vergängliches Bewußtsein zu offenbaren. Dann passiert es vielleicht, daß wirklich ein

Teil dessen, wodurch der Wille eures Geistes sich ausdrückt, etwas von der Schwere, der Unreinheit oder der Dunkelheit, welche die Atmosphäre der Erde beflecken, aufnehmen kann. Dann – möchte ich sagen – wird wirklich eine Läuterung oder eine Reinigung nötig. Aber – diese Läuterung bezieht sich nicht auf den Geist.

Es ist eine Reinigung der Seele, durch welche der Geist seinen Willen offenbart und versucht, seine Macht zu offenbaren. Darum möchte ich euch sagen, daß euer Körper und das wahre Sein eures Selbst nur äußere Transportmittel sind, durch welche euer reiner Geist versucht, das Licht und die Liebe, die er tief in sich selbst versteht, auszudrücken.

Aber euer Geist braucht nicht geläutert zu werden. Alles, was gereinigt werden muß, ist der Seelenkörper, das heißt das Bewußtsein und die Gefühle. Denn ich möchte euch sagen: Der Geist – der wirkliche, wesentliche, ewig lebende Teil von euch – manifestiert sich durch die Seele. Auf diese Weise manifestiert sich auch euer Körper, denn der Körper hat in sich kein Leben außerhalb der Seele. Der Geist kann sich also auf eurer irdischen Welt nicht manifestieren, es sei denn durch den Seelenkörper.

Der Seelenkörper und der physische Körper durchdringen einander und geben sich gegenseitig Leben und Erfahrung. Aber im Mittelpunkt liegt das geheime Samenkorn aus strahlendem Licht, das euer Geist ist. Es ist das ewig lebende Sein, das in Reinheit, in Glanz und in Schönheit thront – das du bist!

Wenn ihr mich also bittet, über geistige Läuterung zu sprechen, so möchte ich lieber zu euch über Seelenläuterung sprechen und über die Reinigung von Vergänglichem und Materiellem, was nach dem reinen und schönen Willen des ewigen Geistes geschieht.

Wenn ihr aber in eurem irdischen Dasein in Harmonie lebt, benötigt euer Seelenkörper keine Reinigung. Denn wenn euer Geist den Seelenkörper hält und ihr in Schlichtheit, Harmonie und Freude lebt, so daß ihr der euch umgebenden Schöpfung nicht schadet, dann behält euer Seelenkörper seine wesentliche Schlichtheit, Reinheit und Harmonie, so daß der Wille des Geistes durch ihn ausgedrückt werden kann. Wenn aber der vergängliche physische Körper durch die Handlungen der Seele tief in die Vergnügungen der vergänglichen Erdenregion eingetaucht und vorrangig darauf abgestimmt ist, dann wird ein bestimmtes Maß an Läuterung notwendig. Die Läuterung ist mehr die Anstrengung, Seelenkörper, irdischen Körper und Geistkörper in vollkommenen Einklang zu bringen, damit die Lauterkeit und das Licht eures Geistes eure anderen Teile reinigen können.

Uns in der geistigen Welt scheint es nun, daß auf der Erde zuviel über die Notwendigkeit der Läuterung gesprochen wird. Man sollte die Menschen lieber über die Notwendigkeit von Erfahrungen belehren. Denn wenn der Geist seinen Willen durch die Seele und den Körper ausdrückt, dann sollte er jede Erfahrung als etwas akzeptieren, woraus er lernen kann.

Der Geist lernt eine Lektion, wenn der Körper tief in die sündhaften Handlungen der Erdenwelt eingetaucht wird. Denn wenn der Körper selbst in dieses sogenannte Stadium der Sündenhaftigkeit eintritt, erfährt der Geist etwas über die Schwere der irdischen Ebene, über die Unruhe der Gefühle und die Unsauberkeit des physischen Wesens. Er erfährt auch etwas über den großen Vorrat an Erinnerung, der mit eurer irdischen Welt verbunden ist. So saugt er einen Teil des Ganzen auf, wenn euer vergängliches Selbst in dieses Stadium der Unreinheit eintaucht.

Diese irdische Inkarnation, die ihr jetzt durchlebt, bedeutet in Wirklichkeit für den Geist eine Erfahrung. Er erlebt das irdische Leben wie ein Abenteuer, wie ein Lernen über das Gewebe und die Substanz der irdischen Welt.

Der Geist lernt etwas durch die Erfahrungen eines physischen Körpers, der die Beute des nicht vorgesehenen Dranges nach Alkohol wird. Wenn der Körper mit den Wolken eines bestimmten Getränkes gesättigt wird und das Bewußtsein sich auf die niedrigeren Regionen der Erinnerung der irdischen Welt einstimmt, dann betrachtet der lautere Geist dies als eine Erfahrung, wobei er etwas von der irdischen Welt selbst lernt.

Wenn der Mensch in die Versuchung und den Wunsch nach Drogen eingetaucht wird, so lernt der Geist immer noch durch diese Erfahrung, denn die Körperatome sinken in ein niedriges und langsameres Stadium, in das Stadium der Inaktivität. Wenn die Aktivität der Körperatome sich verlangsamt, sinkt das Bewußtsein in ein langsames Stadium des Verstehens. Das Bewußtsein wird auf das Erdenerinnerungsvermögen eingestimmt, und es liebt den Eindruck, der von Tausenden und Abertausenden von Seelen hinterlassen wurde, als sie eine ähnliche Erfahrung durchgemacht und in der Seelenerinnerung der Erdenwelt selbst als Eindruck hinterlassen haben.

Man kann wirklich sagen, daß dieses eine Schwere und eine Verunreinigung bedeutet, weil das Bewußtsein des Individuums in die Erinnerung des Unterbewußtseins der Erde aufgesaugt wird.

Aber der Geist des Individuums bleibt rein und lauter. Obgleich er in diesem Zustand mit hineingetragen wird und er die Notwendigkeit einer Läuterung erkennt, so bleibt er – der Geist – nichtsdestoweniger abseits. Darum ist die notwendig gewordene Läuterung eine Läuterung des Seelenkörpers. Der Geist wird versuchen, sich von diesem geschwächten und verzerrten Körper zu befreien, damit er schließlich in das eigene, für ihn wesentliche Stadium des Friedens und der Lauterkeit zurückkehren kann. Aber bevor er das vollziehen kann, muß er wirklich versuchen, seinen Willen und seine Lauterkeit auszudrücken, indem er die Strahlen seines Willens hinunter durch das Gehirn, durch die Seele und durch den Körper sendet, um das zu läutern und aufzurichten, was in die Trägheit, die Schwere und den Verfall der Erdenwelt hineingestürzt ist.

Darum möchte ich euch sagen: Niemals kann ein Stadium Wirklichkeit werden, in dem der Geist seinem Körper und seinem Gemüt erlaubt, in niedrigeren Tiefen des Bewußtseins zu bleiben, sondern er muß das, was gefallen ist, reinigen, läutern und aufrichten. Aber der Geist selbst, der durch das Bewußtsein handelt, bleibt immer noch klar und davon getrennt.

Darum findet fortwährend von den Regionen des geistigen Lebens aus ein großes Werk der Läuterung und Erlösung statt. Denn es gibt dort Geister des Lichtes und Geister der Lauterkeit, die ihren Willen und ihren Wunsch kombinieren, um diejenigen im Erdenleben aufzurichten, die ihr die Gefallenen, die Verlorenen, die mit Sünden Beladenen nennt, die, die in die Tiefe gezogen worden sind. Aber durch ihre Geistverbindung und ihre Verbindung mit den Lichtgeistwesen besteht die ganze Zeit das intensive Werk des Aufrichtens, der Läuterung und Umwandlung, des Zurückbringens in das Licht und in die Harmonie, des Zurückbringens dessen, das zu tief in die Tiefen des irdischen Erfahrungsbereichs eingetaucht ist.

Aber ich möchte sagen, daß für euch so eine Rettungsaktion und solch eine Läuterung nicht notwendig sind, denn ihr habt gelernt, daß ihr Geist seid, und ihr bemüht euch, ein Leben der Schlichtheit und Anständigkeit während eurer täglichen Erfahrungen zu leben. Darum braucht euer Seelenkörper nicht die gleiche Läuterung wie der von anderen Menschen, mit denen ihr zusammen den Lebenspfad wandelt.

Ich möchte euch sagen: Es ist besser, eure wichtige Schlichtheit, Lauterkeit des Herzens und der Motive zu behalten, als den komplizierten Vorgang der Läuterung durchzumachen. Er ist auch sehr häufig in eurem besonderen Stadium der Erkenntnis und Entwicklung nicht notwendig. Aber in diesem gegenwärtigen Stadium der Erkenntnis und Entwicklung erkennt ihr vielleicht, daß ihr auf einer Sprosse der großen Lebensleiter steht, die eben eine Sprosse höher ist als die, auf der eure Geschwister stehen, die in die Tiefen der Versuchung und der Schwäche gefallen sind.

Darum könnt ihr von eurem überlegeneren Stadium aus Licht und Frieden aussenden als starke Strahlen goldenen Lichts, die hinunter- und hinausströmen in die Atmosphäre eurer vergänglichen Welt. Wenn ihr das tut, dann könnt ihr wahrhaftig einen Teil der Erinnerung der Welt, die euch umgibt, läutern.

Dieses ist eine Wahrheit: Wenn ihr auf dem geistigen Pfade voranschreitet und euch eures geistigen Inneren bewußt werdet, könnt ihr nicht mehr für euch allein leben, sondern ihr habt das Bestreben, auch die euch umgebende Schöpfung zu läutern und anzuheben. Wenn das Bewußtsein eurer geistigen Identität als Geist fest gegründet ist und ihr wißt, daß ihr eine geistige Wesenheit seid, dann, ihr lieben Geistgeschwister, sendet Licht, Liebe, Heilung hinaus in starken Pulsschlägen der lebendigen Energie, so daß sie hinausgehen mögen durch eure Hände und Füße, durch euer ureigenes Wesen in diese große euch umgebende Lebensebene. Wenn ihr diese Pulsschläge des Lichtes hinaussendet, setzt ihr eine Läuterung der Welt, die euch umgibt, in Gang. Die Schwingungen, die durch euren Seelenkörper hinausströmen, werden so stark und lauter, so aufgeladen mit strahlendem Licht und mit Heilungsenergie, daß sie beim Hinausströmen automatisch den Seelenkörper der Menschen in eurer Umgebung reinigen, indem sie ihn mit einer höheren Form von Heilungsenergie aufladen. Wenn eure Ausstrahlungen hinunterströmen durch die Erde, auf der ihr steht, in den lebendigen Körper der Erde, dem immer wieder Einprägungen durch das Blut der Schlachten, durch den Schmerz der Menschen, die Hungers sterben, durch das Leid und die Seelenschmerzen von Generationen eingedrückt sind – wenn eure Strahlen des Lichtes und des Friedens hinunter durch eure Füße in die Erde eures Landes gehen, dann läutert ihr sie und ladet sie mit Schönheit und Licht auf. Dieses bedeutet dann tatsächlich eine Läuterung für die Seele der Welt, in der ihr wohnt.

Die wahre seelische Läuterung kommt zuerst durch die Entdeckung, daß ihr selbst Geist seid – lauterer, strahlender, ewiger Geist.

Dann geschieht die Läuterung durch das Ausüben eures geistigen Willens. Dadurch sendet ihr alles, was gut, edel und schön ist, hinaus. Liebe, Frieden, Weisheit und Wahrheit sollten nach allen Seiten in großen Wellen schönen Lichtes und herrlicher Energie von eurem Bewußtsein hinausgesendet werden. Leben und Heilung sollten durch euren Körper in großen Wellen energiegebender Macht fließen.

Wenn ihr es vermögt, so zu leben, euren Willen so auszudrücken, dann wird wirklich das Land, in dem ihr lebt, glücklich sein, euch zu kennen. Der euch umgebende Äther und die Luftströme werden vor Glück singen, wenn sie an euch vorbeifließen. Die Läuterung der Seele wird in ihrer vollen Bedeutung durch die Läuterung der Erde selbst ausgedrückt.

So versuche ich, den Körper der Wahrheit mit Worten zu umhüllen, die eurem Bewußtsein verständlich sind. Ich möchte euch zu der Erkenntnis bringen, daß ihr euch selbst automatisch läutert, wenn ihr versucht, gemäß den Gesetzen der Wahrheit und des Lebens zu leben.

Verstehen der Freiheit

Wie gut würde es sein, wenn ihr wenigstens für eine kurze Weile ein wenig die wahre und wirkliche Freiheit der Seele erfahren könntet – die Freiheit, so wie wir sie hier im geistigen Reich verstehen.

Ihr seid wie Vögel. Ihr habt die Flügel des Glaubens und des Wissens, womit ihr – wenn ihr wollt – in die Freiheit der Gedanken und des Geistes aufsteigen könnt. Während ihr hinauffliegt, könnt ihr singen, und ihr werdet dabei Frieden und Freude empfinden, weil ihr die Füße der Freiheit erfahrt. Diese Freude erfaßt Seele und Geist, so daß ihr singen müßt; denn Singen ist der Ausdruck von Freude des Geistes selbst. In dieser Beziehung seid ihr wie die Vögel. Denn wenn ihr die Freude und Freiheit spürt, von den irdischen Bindungen frei zu sein, auf welche andere Art und Weise könnt ihr euer Glücksgefühl ausdrücken als durch kurze Ausrufe der Freude, durch das Flüstern von Worten der Freude oder durch Singen? Ihr seid dann genau wie die Vögel: Sie können aus innerer Seligkeit singen und ihre Melodien des Glücksgefühls hinausströmen.

Aber ihr wißt wenig über die Freiheit; denn ihr verwickelt euch immer mehr in die Belange der Erde. So viele davon sind wertlos und unnütz.

Ehrgeiz ist eine unnütze Bindung. Jedoch unterliegt jeder von euch ihrem falschen Zauber, während ihr eure irdischen Erfahrungen macht. Von vielen Menschen gesehen zu werden, bewundert zu werden, erfolgreich zu sein – sind das nicht goldene Lockspeisen, die euch in die Bindung eines falschen Ehrgeizes ziehen? Welchen Ehrgeiz solltet ihr haben außer dem, geistige Entwicklung und geistige Erfüllung zu erlangen? Durch deren Erlangung könnt ihr die Seelenkraft gewinnen, die allen Erfolg, alle notwendigen Dinge zu euch heranzieht. Ihr erhaltet sie, ohne an den falschen Glanz irdischer Dinge gebunden zu sein.

Ihr verstrickt euch in die irdische Arbeit, mit der ihr euch Tag und Nacht beschäftigt. Dadurch wird euer Körper erschöpft, und eure Nerven werden angespannt, so daß sogar eure Ruhezeit gestört wird, weil eure Seele durch die vielen Anforderungen des irdischen Lebens erschöpft ist.

Statt dessen konzentriert euch auf die geistigen Dinge. Wisset, daß ihr durch die geistige Kraft alle Dinge vollbringen könnt und in allen Dingen Erfolg haben könnt, weil die Geisteskraft eine beschleunigende Wirkung hat.

Ihr werdet zu mir sagen: Wir müssen im irdischen Dasein arbeiten und die irdischen Arbeiten ausführen, und wir müssen wirklich allen täglichen Anforderungen gerecht werden. Das ist wahr, ihr Lieben. Weder ich noch ein anderer geistiger Lehrer werden damit nicht einverstanden sein. Wir wissen, daß ihr arbeiten müßt. Wir wissen, daß ihr Verantwortung tragen müßt. Wir wissen, daß ihr liebevoll einer für den anderen arbeiten müßt.

Trotzdem möchte ich euch sagen: Durch die Erlangung geistigen Wissens und durch Erlangung der Einheit mit der geistigen Kraft seid ihr von nervlicher Anspannung befreit, seid ihr von den Bindungen an das irdische Dasein befreit, die euch niederdrücken und euch von der Freiheit zurückhalten.

Was ist der Unterschied zwischen der geistigen Freiheit und den irdischen Bindungen? Die irdischen Bindungen entstehen durch Besitz, wenn ihr das Gefühl habt, ihr müßt diesen irdischen Besitz oder irdischen Wohlstand, den ihr habt, halten. Wenn ihr Angst habt, sie zu verlieren, so seid ihr in irdische Bindungen geraten. Wenn euer Ehrgeiz euch Angst macht vor einem Arbeitswechsel, oder wenn ihr Mißerfolg habt in dem, was ihr tut, oder wenn euch eure Beziehungen zu anderen Menschen so binden, daß ihr Angst habt, das zu tun oder zu sagen, was ihr eigentlich tun oder sagen wollt, dann seid ihr wahrscheinlich durch Ehrgeiz angekettet, dann seid ihr eingeschlossen in die irdische Arbeit und seid nicht frei. Ihr kennt dann nicht die Freiheit der Seele, die sich einstellt, wenn ihr mit der Schlichtheit der Liebe arbeitet.

Wenn eure Zuneigung zueinander, zu eurem Kind, euren Eltern oder Freunden – den von euch am meisten geliebten Menschen –, wenn ihr in diese Bindungen so verstrickt sei, daß ihr Angst vor dem Verlust des Kindes oder einer Veränderung in den Beziehungen habt, dann habt ihr wahrhaftig keine Seelenfreiheit. Dann seid ihr wahrlich an irdische Dinge gebunden, und ihr seid nicht frei – ihr kennt die Seelenfreiheit nicht.

Wahrlich benötigt man große geistige Fähigkeiten, um im irdischen Dasein weise zu leben. Um weise im geistigen Reich zu leben, benötigt man großes geistiges Wissen. Wenn jemand auf der Erde gelernt hat, inmitten der irdischen Ambitionen mit sanfter Liebe zu leben und seine Arbeit zu vollbringen, wenn jemand gelernt hat, das Leben derjenigen sanft zu beruhigen, die seine Lieben sind, derjenige lebt wahrhaftig frei und lebt voller Hoffnung und legt die Ketten des Leides ab, die ihn halten und binden und in die Zeiten der Enttäuschung und Angst bringen.

Ich möchte euch sagen: Die Seelenfreiheit kommt nicht erst notwendigerweise nach dem Tode oder ist gewesen, bevor ihr in diese irdische Existenz eingetreten seid. Die Freiheit der Seele könnt ihr jetzt erfahren – zu diesem Zeitpunkt – genauso leicht wie nach dem Ende des irdischen Lebens.

Das Geheimnis geistiger Freiheit ist das Wissen, daß der große Meisterschöpfer euch seine Schätze der Zeit und der irdischen Erfahrungen ausleiht; er verleiht an euch seine Schätze menschlicher Beziehungen. Wenn ihr weise seid, so nehmt ihr diese

Dinge mit der einen Hand an. Bereitet euch dann darauf vor, sie mit der anderen Hand wieder loszulassen, sobald ihr spürt, daß ihr eine zu starke Bindung an das entwickelt, was euch nur aus der großen Schatztruhe der Ewigkeit geliehen ist.

Haltet nur flüchtig fest, ihr Lieben! Nehmt das sanft an, was eurer Fürsorge anvertraut wird! Legt es von einer Hand in die andere. Wenn dann das große Gesetz des Lebens oder des Todes zu euch sagt: »Laß fahren dahin«, dann laßt freudig los und sagt: »Dein Wille geschehe, dein Wille geschah, o du großer Geber aller Gaben. Ich gebe dir das Geschenk zurück, das mir anvertraut wurde.«

Dann werdet ihr sein wie die weisen Männer und Frauen in den früheren Jahrhunderten und in der heutigen Zeit. Sie sitzen in der Stille; sie halten den Rosenkranz in der Hand und lassen ihn von einer Hand in die andere gleiten, indem sie nehmen und wieder loslassen. Wenn die Perlen von den Fingern gleiten, erinnern sie sich an das sich stetig verändernde Muster menschlicher Erfahrungen. Auf diese Weise lernen sie geistige Bindungslosigkeit. Gleichzeitig denken sie daran, daß die große Lebenskette durch jede Perle zieht, während sie im irdischen Dasein sind. Die große silberne Lebenskette zieht durch jeden von euch. Sie zieht durch euer Herz und euren Sinn. Jeden Tag – wenn sie durch euer Bewußtsein zieht – trägt sie eine Perle weg, die auf dem großen Lebensfaden aufgereiht ist. Diese Perle ist die Perle eurer Erfahrung.

Manchmal glänzt eure Erfahrungsperle blau, weil sie eine Perle der Erkenntnis ist. Manchmal ist sie grau durch eure Enttäuschung und euer Leid. Manchmal ist sie rot mit der Schönheit eures Opfers und Verzichts oder golden durch eure Freude oder violett durch eure Weisheit. Aber zu viele Perlen, die auf dem Lebensfaden aufgezogen werden, sind grau und glanzlos, weil ihr sie befleckt mit eurer Habgier, mit euren kummervollen Gedanken, mit euren depressiven Ansichten darüber, was ihr im irdischen Dasein versucht zu erreichen.

Ihr erlaubt der Schwere eures Mangels an Erkenntnis, die Leichtigkeit eurer Seele niederzudrükken. Weil ihr euch so schwer fühlt, könnt ihr nicht aufsteigen. Ihr kennt keinen Frieden. Ihr könnt nicht freudig singen, weil ihr euch an die irdischen Dinge klammert, an vergangene Dinge. Ihr versucht, sie zu halten, anstatt sie freudig und leichten Herzens loszulassen. Dadurch werdet ihr immer schwerer, anstatt immer leichter und erfüllt mit Freude, Harmonie und Frieden.

Die Freiheit der Seele gehört euch, ihr Lieben. Ihr seid in diesem Augenblick frei. Ihr seid jetzt frei. In eurer Freiheit seid ihr leicht. Jeder von euch ererbt die fließende Freude, die geistige Freude, das geistige Wunder des Universums.

Öffnet die Augen und seht diese Wahrheit, die wir versuchen, euch zu übermitteln. Erhebt euer Herz, tretet in die Freiheit ein, erhebt eure Seele und kommt in die Atmosphäre des Geistes. Dann könnt ihr wirklich sagen: »Nie wieder! Nach diesem Augenblick freudiger Erkenntnis kann ich nie wieder mit Kummer erfüllt sein oder mit der Erdenschwere niedergedrückt werden.«

Wir möchten, daß ihr Frieden und Freude, Harmonie und Freiheit habt und behaltet, daß ihr sie von dieser Zeit an während all der Zeit eurer irdischen Erfahrungen habt und haltet, bis die Zeit herankommt, in der ihr euren irdischen Körper verlaßt. Dann könnt ihr leicht und freudig aufsteigen – so leicht und freudig wie ein Vogel aus seinem Nest – und steigt leicht als ein Geistwesen in die Atmosphäre und kennt wieder Freude.

Erschaffen einer guten Zukunft

Während ihr in der Stille seid, sät ihr still und schön den Samen eures persönlichen Einflusses auf das Feld der menschlichen Erfahrungen, der in der Zukunft mit dem Reichtum der Weisheit aufgehen wird. Er wird goldenes Korn tragen, das euch zu der Zeit, wenn ihr geistigen Hunger spürt, als Nahrung dienen wird. Denn dieses große Muster eures irdischen und nachtodlichen Lebens ist nur der äußere Ausdruck dessen, was ihr im geheimen und in der Stille durch Gedanken, Taten und persönlichen Einfluß sät und was ihr aus der euch umgebenden Atmosphäre als Seelennahrung, die ihr Tag für Tag aufnehmt, zieht.

Wahrlich, ihr Lieben, ich sage euch: Ihr seid die Schöpfer eures eigenen Schicksals. Wahrlich erschafft ihr die Bedingungen, unter denen ihr in der kommenden Zeit leben werdet. Auf die gleiche Weise seid ihr die Erben der Einflüsse, die auf den

Feldern eures Lebens und der Welt in den Jahren, Jahrhunderten und den Augenblicken, die schon vergangen sind, gesät wurden. Wenn ihr mich also fragt: »Wie können wir Gutes in der Zukunft erschaffen?«, möchte ich euch als erstes sagen, ihr müßt die Wahrheit erkennen: Ihr werdet dann zum Schöpfer, wenn ihr euch bewußt werdet, daß ihr Schöpfer seid! In dem Moment werden in eurem Bewußtsein die Fähigkeit und die Macht geboren, schöpferisch zu sein.

Bevor ihr dieses Selbst-Bewußtsein erlangt habt, seid ihr keine Schöpfer, sondern Erben der Bedingungen und der Gedanken, die ihr von euren Vorgängern ererbt habt und als Resultat eurer früheren Taten. Aber der Augenblick kommt, in dem ihr euch besinnt und fragt: »Wie ist es nun? Wer bin ich? Was ist mein Schicksal? Bin ich nur ein Blatt, das von den Winden des Schicksals herumgewirbelt wird, oder bin ich ein Geistwesen, bin ich eine Seele?« Wenn der Augenblick kommt, in dem ihr diese Fragen stellt, gelangt ihr zur Erkenntnis. Dann ist es so, als ob ihr den Vererbungsprozeß umkehrt. Obgleich ihr weiterhin euren Weg durch die vielen Umstände, die ihr aus der Vergangenheit geerbt habt, bahnt, werdet ihr anfangen, schöpferisch zu sein. Ihr beginnt, eure eigenen Umstände zu erschaffen, denen ihr in der Zukunft, die sich noch vor euch entrollt, entgegengeht.

Weil das so ist, solltet ihr den Seelen der Erwachsenen, der Kinder und der Jugendlichen diese Wahrheit einprägen. Obgleich sie sich durch ein Schicksal, das hart und schwer zu sein scheint, hindurcharbeiten müssen, weil sie ernten, so müssen sie trotzdem auch säen. Es ist wichtig, daß sie lernen, den Samen des Guten, den Samen schöpferischer Gedanken, den Samen der Güte und Liebe zu säen, obwohl sie vielleicht die Ernte der Bitterkeit – aus irgendeiner früheren Zeit ererbt – einbringen müssen. Im gegenwärtigen Zustand des irdischen Daseins arbeitet ihr euch durch das Erbe der Vergangenheit durch. Ihr erntet jetzt chaotische Umstände in eurer Welt, weil ihr durch die großen Kriege die alten, stabilen Lebensmuster zerbrochen habt. Darum durchlebt ihr jetzt dieses Erbe der Vergangenheit.

Einige von euch sagen: »Wir leben in von Chaos erfüllten Jahren; wir sind angsterfüllt; es gibt keinen Frieden, keine Ruhe.« Es ist richtig, daß ihr jetzt das Chaos erntet. Aber erlernt das Gesetz der Weisheit und sät den Samen des Friedens! Habt Frieden in der eigenen Seele; und stellt euch das Bild der kommenden Jahre vor: Stellt euch die Ruhe der Harmonie vor, die ihr im Herzen, in eurem Heim und in der Welt haben möchtet. Denn wenn ihr euch für die Zukunft Frieden und Harmonie wünscht, dann müßt ihr wahrlich genau den Gedanken an die Bedingungen erschaffen, die ihr später ernten könnt.

Vielleicht seid ihr im irdischen Dasein von Menschen umgeben, die streiten. Vielleicht werdet ihr durch den Lärm vieler Menschen bedrängt. Vielleicht gibt es in eurem eigenen Leben Chaos, Streit und Unruhe. Wenn ihr dann zu einem Treffen so wie dieses hier kommt, sagt ihr vielleicht: »Wir kommen, um Frieden zu fühlen, um den Frieden des Geistes zu spüren. Wie aber kann dieser geistige Friede in unser Leben hineingetragen werden? Wie kann er in der Zukunft in die Welt kommen?«

Ich möchte euch sagen, ihr Lieben, daß ihr als erstes lernen müßt, das Chaos um euch herum zu segnen! Ihr müßt lernen, es in der klaren Erkenntnis geistiger Wahrheit zu betrachten. Seht das Chaos nicht als eine Ungerechtigkeit euch selbst gegenüber an, sondern als einen Teil der ganzen Unruhe auf eurer Welt und in eurer Nation. Erkennt, daß der Teil, der euch berührt, einfach nur ein Lebensumstand ist, den ihr durchleben müßt. Er geht vorüber. Er wird vorübergehen, denn nichts im irdischen Dasein dauert ewig. Alles dauert nur eine kurze Zeit. Alles verändert sich. Darum akzeptiert – und segnet – die chaotischen Bedingungen um euch. Segnet sie und legt euren eigenen Wunsch nach Frieden hinein. Segnet das Chaos mit eurem Gedankenstrom. Ihr könnt sogar manchmal sagen: »Großer Meistergeber alles Guten, ich danke dir für diese Gelegenheit zu versuchen, etwas Frieden in dieses Chaos, in diese Unruhe zu bringen.« Dadurch segnet ihr genau die Umstände, die euch Verdruß bereiten. Durch dieses Segnen strahlt ihr das Licht des Geistes auf eben die Umstände aus, vor denen ihr fliehen wolltet. Weil diese Umstände der irdischen Welt angehören, müßt ihr den Segen irgendwie irdisch ausdrücken. Es kann auch eine Handbewegung sein oder ein Geschenk, also etwas, das durch den physischen Körper ausgedrückt wird.

Wenn ihr unter Menschen lebt, die sich streiten, und ihr sie segnen wollt und Frieden stiften möchtet, so segnet sie zuerst mit dem Segen eurer Liebe, die aus eurer Seele strömt; dann macht eine Geste mit der Hand. Entweder berührt ihr den Streitsüchtigen, den ihr euren Feind nennt, oder ihr stellt an diesen Ort der Disharmonie als ein Symbol eures harmonisierenden Gedankens einen kleinen Blütenstrauß oder eine kleine Pflanze. Das ist dann das Symbol eures Wunsches nach einer guten Zukunft. Wenn ihr das tut, setzt ihr eine zweifache positive Schwingungskraft in Gang: erstens die Macht eurer positiven Einstellung, zweitens bringt ihr das Symbol eures Wunsches nach Frieden und Harmonie in die irdischen Umstände hinein. Wenn ihr diese Schwingungen in Gang setzt, befähigt ihr eure Lieben im geistigen Reich, sich euch zu nähern und sich in eure Gedanken und Handlungen mit ihrem stärkenden Einfluß einzublenden. Daraufhin werdet ihr nach einer gewissen Zeit bemerken, daß sich dieses Chaos langsam in Harmonie umwandelt und ihr aus dieser Zeit der Prüfung den Frieden und die Harmonie bekommt, die ihr euch so innig gewünscht habt.

Vielleicht denkt ihr in bezug auf die Zukunft an Wohlstand, daß ihr für euch genügend Geld habt. Vielleicht ist euer irdisches Leben durch Armut eingeengt, und ihr habt Mangel an irdischen Dingen, die ihr braucht. So gehen eure Gedanken in die Zukunft, ob ihr dann genügend Geld für eure Bedürfnisse haben werdet, vielleicht für das Heim, das ihr euch wünscht, oder für Wohlstand im Alter. Denn dies sind Gedanken, die den Erdenkindern oft in den Sinn kommen.

Ich möchte euch sagen: Wenn ihr Wohlstand in den kommenden Jahren haben wollt, so müßt ihr zuerst das segnen und für das danken, was ihr jetzt habt: für die Hände, mit denen ihr arbeiten könnt, für eure Fähigkeiten. Ihr müßt eure Fähigkeiten benutzen, und ihr müßt zu der Erkenntnis kommen: Wenn ihr eure Fähigkeit zu arbeiten segnet, und wenn ihr eure Fähigkeiten ausschöpft und dafür dankt, strahlt ihr das schöpferische Licht eures eigenen Geistes auf eure Handlungen in eurem täglichen Leben aus. Wenn ihre eure Fähigkeiten gesegnet habt, müßt ihr als Zeichen eurer Dankbarkeit, daß ihr trotz begrenzter Umstände Dinge tun könnt, ein wenig mehr eurer Arbeit denen widmen, die eurer Fürsorge bedürfen. Wenn ihr könnt, kocht ein wenig mehr und gebt es jenen, die ärmer sind als ihr. Wenn ihr eure Nahrung selbst im Garten zieht – wenn das eure Fähigkeit zu arbeiten ist –, segnet sie und gebt ein wenig von der Ernte ab, die ihr mit euren eigenen Händen erarbeitet habt.

Wenn ihr an der kleinen Maschine arbeitet, mit der ihr Worte schreibt, oder an der, mit der ihr Zahlen zusammenzählt, oder mit der, mit der ihr miteinander sprecht (Telefon) in der Begrenzung eurer Arbeit, so fühlt ihr vielleicht Verzweiflung, weil ihr nicht erkennen könnt, wie ihr mit dem wenigen Geld, das ihr dafür bekommt, in der Zukunft auskommen könnt, dann segnet eure Fähigkeit zur Arbeit und gebt einen kleinen Teil des Geldes, das ihr bekommt, ab. Denkt nicht: Ich bekomme nur sehr wenig Geld, darum muß ich es für die Zukunft sparen. Tut das nicht! Segnet es und gebt einen Teil davon liebevoll und gern anderen, die es noch nötiger haben. Damit erschafft ihr die zweifache Schwingungskraft: erstens durch den weisen Gebrauch dessen, was ihr betreut, zweitens durch den richtigen Gedanken, der euch in den Sinn kommt. Dann können die Lieben im geistigen Reich, die euch betreuen, dem, was ihr erschafft, noch etwas hinzufügen und es in die Zukunft hineintragen. So könnt ihr in der Zukunft das ernten, was das Resultat eurer gegenwärtigen Handlungen ist. Kein Mensch ist in der Zukunft begrenzt, weil er jetzt in der Gegenwart in begrenzten Umständen lebt. Es ist die weise Benutzung dessen, was ihr jetzt habt, die euch den Wohlstand und das Gute bringt, das ihr in der Zukunft ernten könnt.

Oft haben Erdenkinder eine andere Angst im Herzen, wenn sie an die Zukunft denken. Sie möchten Gesellschaft haben, den Trost der Freundschaft und Geselligkeit, wenn ihre Angehörigen das irdische Leben beendet haben. Vielleicht denkt ihr mit solcher Furcht im Herzen an die Zukunft und sagt zu euch selbst: »Wie kann ich eine gute Zukunft erschaffen, in der Liebe und Kameradschaft und Freude mein Geburtsrecht sein werden?« Denen, die nicht den Mangel an irdischen Gütern fürchten, sondern die Einsamkeit des Alters, möchte ich sagen: Ihr müßt weise handeln und die Beziehungen, die ihr jetzt habt, segnen, die Freunde und die, die an euch durch die Bande der Verwandtschaft oder Verantwortung gebunden sind. Manchmal ruft ihr laut im Herzen: »Das ist nicht das, was ich möchte! Sie bringen mir nicht die Freude, die ich suche.« Trotzdem – segnet diese Beziehungen; freut euch über die kleinen Reibungen im täglichen Leben. Dankt dem

Meisterschöpfer, daß ihr nicht nur Freude habt, sondern manchmal auch Kummer und Schwierigkeiten, denn gerade dadurch entwickelt ihr die Fähigkeiten, etwas auszuhalten und Verständnis zu haben. Vor allem segnet die Menschen, die eure Geduld auf die Probe stellen, diejenigen, die eure Absichten nicht verstehen, diejenigen, die Tränen der Enttäuschung aus eurem Herzen hervorrufen. Auf den Knien aber dankt für diejenigen, durch die ihr Freude habt und für diejenigen, deren Herz mit euch in der Sanftheit der Liebe gemeinsam überquillt.

Wenn ihr segnet und Gott für diese Beziehung dankt, setzt ihr starke Schwingungen in Gang, die in die Zukunft hineinströmen. Dadurch begegnet ihr dann anderen, die euch in der späteren Lebenszeit Freude bringen werden. In den späteren Jahren werdet ihr dann Menschen treffen, die euer Verständnis brauchen – und ihr werdet sie verstehen wegen der Schwierigkeiten, die ihr selbst durchgemacht habt. Und bei denen, die ihr liebt, werdet ihr in den späteren Jahren die Schwingungen im Blick der Augen und im Echo ihrer Stimme spüren. Wenn ihr euch in Zukunft Menschen nähern könnt mit Liebe und Verständnis im Herzen, werdet ihr auch die Gesellschaft und die Sanftheit der Liebe finden, die ihr euch wünscht. Limitiert euch nicht, ihr Lieben, auf die, deren Hand ihr jetzt haltet und die ihr jetzt liebt. Seid bereit, sie zu segnen und auch loszulassen, denn in der Zukunft wird der große Meisterschöpfer, der Geber alles Guten, seinen Lieben erlauben, euch Freunde zuzuführen und euch die Gesellschaft und die Lebensumstände, die ihr begehrt, zu geben.

Immer setzt ihr durch das richtige Annehmen, durch rechtes Verständnis die große Macht schöpferischer Schwingungen in Gang. Sie setzen sich in die Zukunft fort, und wenn ihr so durch die Zeit geht, werdet ihr das, was gut und liebevoll und edel ist, erleben.

Sogar wenn ihr in künftigen Zeiten schwere Lektionen lernen müßt oder schwere und chaotische Zustände auf der Erde durchlebt, so wird – weil ihr den rechten Samen sät – die Härte durch gute Gesellschaft erleichtert und die Bitterkeit durch die Sanftmut der Liebe, die auf euch zukommt, versüßt. Seht euch selbst als die Säer an, die immer das säen, das recht und gut und wahr in der Zukunft sein wird. Denn das ist euer Wunsch während eurer kurzen Zeit des irdischen Daseins. Darüber hinaus sind die kurzen Augenblicke eures irdischen Daseins, die jetzt bei euch sind, kostbare Gelegenheiten, in denen ihr schöpferisch und immer wieder schöpferisch seid. Trachtet danach, daß eure Schöpfung gut ist!

Tatsächlich ist jeder von euch eine glitzernde Perle, die auf dem Faden der Ewigkeit aufgezogen ist. Diese kleine Perle eures irdischen Daseins sollte das Licht der Wahrheit ausstrahlen und die vielen Facetten der irdischen Erfahrungen reflektieren. Ihr solltet Liebe verströmen, damit ihr für diejenigen, die später kommen, Friedensbedingungen und Orte der Harmonie, Schlichtheit und Freude erschafft. Ebenso wie ihr die heutigen Bedingungen von den Menschen der Vergangenheit geerbt habt, so werden die Menschen in der Zukunft genauso sicher die Bedingungen ererben, die ihr jetzt erschafft. Darum sät edlen Samen, sendet Gefühle der Liebe hinaus, macht, daß die Erde hell scheint, und seid froh, daß ihr für eine kurze Zeit lebt inmitten der Fruchtbarkeit der singenden Gräser, inmitten der wunderbaren Melodie, die vom Wind mit den Millionen Zungen der grünen Blätter der Bäume gesungen wird. Macht, daß die Erde glücklich ist, daß ihr für die kurze Weile, die ihr auf ihr lebt, auf die lebendige Erde etwas durch die Berührung eures Segens überträgt und in die Wasser der Reinheit und die Schönheit eurer Gedanken gießt. Dann wohnt ihr hier wahrlich als jemand, der vom Wissen der höchsten Wahrheit erfüllt ist, und so werdet ihr ein Schöpfer in der Fülle eurer eigenen schöpferischen Macht sein.

Das Vaterunser

Ich bin gekommen, um euch als erstes die Herrlichkeit des Meisterschöpfers und als zweites das Gebet, das ihr das Gebet des Herrn nennt, nahezubringen. Es ist das Gebet, das der Meister Jesus diejenigen lehrte, die seine Lehren befolgen wollten und die lernen wollten, gemäß den Gesetzen zu leben, die er selbst ihnen offenbarte. Es ist wahr, daß im Laufe all der Jahrhunderte, die vorbeigezogen sind, die Tonformen – übersetzt von einer Sprache in andere Sprachen – innerhalb der geistigen Atmosphäre eine Kristallisierung dieser Töne erschaffen haben. Darum befinden sich in der geistigen Welt die Symbole des gemeinsamen Betens der Männer und Frauen, die dieses Gebet an ihren vielen, vielen Versammlungsplätzen wiederholt haben. So wie die Zeiten der irdischen Erfahrungen des Menschen kommen und gehen, so sind neue Menschenwesen, die weitere Erfahrungen machen, geneigt, die Gebetstöne und die Gebetsworte der ihnen vorangegangenen Generation zu benutzen. Denn wenn sie das tun, können sie Widerhall in der Ätheratmosphäre hervorrufen, der ihnen geistige Macht oder geistige Kraft bringt.

Bei euren Studien uralter Religionen könnt ihr immer wieder entdecken, daß es Worte gibt, die sie überleben – überlebende Gebetsmuster –, die von einer Generation zur nächsten weitergereicht werden. Neuere Gebetsmuster werden von neueren Philosophien geformt, durch frische Kraft und durch neuere Religionsformen, die dem großen Meisterschöpfer ihre eigenen Worte geben, um seinen Namen und seine göttliche Natur zu symbolisieren.

Die Worte haben längst eure Welt verlassen, die zu der Zeit versprochen wurden, als der Meister Jesus auf Erden wandelte, als er seine Lehren den Menschen brachte, als die Menschen spüren konnten, welche Kraft durch seine Persönlichkeit freigesetzt wurde und als die Menschen die Wahrheit erkennen konnten, die er ihnen offenbarte durch die Wunder, die die geistige Kraft vollbrachte.

Diese neuen Jünger fragten ihn, weil sie erfahren wollten, wie sie beten sollten und auf welche Weise sie die Worte formen sollten während der Offenbarung des Gottes, über den der Meister Jesus zu ihnen sprach. Diese Menschen waren Israeliten; diese Menschen waren jüdische Menschen, die man zu ihrer Zeit und in ihrer Generation anleitete, die ihnen gemäßen einfachen Gebete zu wiederholen. Diese waren an den Gott Abrahams, Isaaks und Moses gerichtet. Diese Menschen, die die Wahrheit, die der Meister Jesus sie lehrte, erfahren wollten, waren nicht daran gewöhnt, zu beten – außer Preisen und Loben –, denn ihre Religion bestand vielmehr daraus, Gott Opfer darzubringen, worin nur wenig unmittelbares Gebet enthalten war. So geschah es, daß sie zu ihm kamen und sagten: Meister, wie sollen wir den Gott der Liebe anreden, mit welchen Worten sollen wir den Gott, der unser Vater ist, anbeten? Wie können wir uns an den Gott, den du kennst, wenden, da wir in der Vergangenheit nur einen Gott der Rache, einen Gott gesehen haben, der uns Gesetze gibt, die wir erfüllen sollen? Gib uns ein Gebet, das wir benützen können, ein Gebet, das wir verstehen können.

So geschah es, daß er ihnen – in seiner unendlichen Liebe zu denen, die nur Kinder in der Erkenntnis geistiger Dinge waren – ein Gebet gab. Er gab ihnen ein Gebet – nicht wie zu einem Gott, der sie schlagen würde, wenn sie seine Gesetze nicht erfüllten, sondern zu einem Gott, der solche Liebe hatte wie der Vater, den sie in der schlichten Atmosphäre ihres Hausstandes kannten. Darum wurde das Gebet so gestaltet, daß es mit ›Vater unser, unser Vater, der du bist im Himmel‹ anfängt. So lernten diese einfachen Männer und Frauen das Gebet von seinen Lippen und wiederholten es sich gegenseitig, bis es in all seiner Einfachheit, in all seiner Schönheit gebetet wurde; und so wurde es bekannt als das Gebet des Herrn (the Lord's Prayer). Später wurde es als das Gebet der Christen gebetet, denn es war in Antiochien, wo man die Christen zuerst so nannte.

Meine lieben Freunde, ich möchte euch sagen: Wenn ihr euch in der Stille eurer Versammlungen trefft und in der Stille eures Betens kniet und wenn ihr dann die Worte eures Gebetes miteinander wiederholt, so denkt manchmal an das machtvolle Salböl (Charisma), das sich im Innern dieses Raumes (Vorlesungsraum in der Spiritual Association of Great Britain) so wie im Innern eurer Kirchen und der uralten Tempel bildet. Es wird von den Männern und Frauen, die in Ehrfurcht und Liebe – manchmal in der Agonie der Angst – beten und diese Worte wiederholen, gebildet. Ihre Worte werden mit von Anbetung erfülltem Herzen gemeinsam gesungen. Ihre Worte schwingen sich von ihren von Liebe überquellenden Herzen in die geistigen Sphären. Die Worte dieses Gebetes werden von Generationen in Schwingung gebracht, die nicht wissen, was sie sagen, sondern die nur die Worte sagen, die sie gelehrt worden sind.

Denkt an die Macht, die in diese Worte von Christen gelegt wurde, die einsam in Gefängnissen und an den Plätzen der Folterung das Gebet einfach als die Worte benutzten, die als Kanal von den geistigen Plätzen aus dienen konnten, um geistige Macht, Heilung, Kraft und Erneuerung zu bringen. Denkt über die große Energie nach, die von den Seelen der Menschheit ausgeht, während sie singt, flüstert, betet – manchmal in Qualen, manchmal in Angst, manchmal in Liebe, häufig in Anbetung und am meisten einfach beim täglichen Sprechen von Worten, wobei sie kaum weiß, was sie bedeuten; trotzdem gehen sie hinaus als Gebetstöne und hallen im Äther eurer Welt wider. Tonschwingungen. Sie bringen das geweihte Salböl (Charisma) in Schwingung, das von den ersten Sprechern des Gebets vor langer Zeit erschaffen wurde. Ihr fügt nun diesem eure eigene Intonation, euren eigenen Beitrag an Demut oder Liebe oder Bitte bei.

Es ist ganz sicher, daß während eures Betens eine lebendige Kraft von euch in die inneren Sphären geht, und von den inneren Sphären kommt Energie wieder zu euch zurück; denn eure Töne, euer Sprechen erschaffen einen Ton, der das machtvolle Salböl in den inneren Sphären in Schwingung bringt und es veranlaßt, Energie, Segen, Frieden abzugeben, die euch erreichen, wo immer ihr euch befindet und in was für Umständen ihr betet.

Friede, Friede sei mit euch.

Das Gotteswort

Ihr Lieben, wir kommen, um mit euch zusammenzusein und zu versuchen, Worte zu sprechen, die in eurer Seele ein Echo auslösen und die in diesem Raum Frieden, Harmonie und Kraft erschaffen. Denn ich möchte euch sagen, daß jeder, der seinen Weg durch die irdischen Erfahrungen geht, die Verantwortung für die Menschen trägt, die ihn umgeben und die er trifft. Es ist die Verantwortung, das Wort so weise und gut zu sprechen, daß man ihm sagen kann: ›Wahrlich spricht er Gottes Wort.‹

Ich möchte euch sagen, daß jeder auf seine Weise Gottes Wort sprechen möchte. Denn ist es nicht wahr, wenn ihr gelernt habt, miteinander in Liebe zu sprechen, und wenn ihr im anderen den ewigen Funken alles Guten erkennt, dann sprecht ihr wahrlich das Gotteswort, weil ihr zum Göttlichen in eurem Bruder und in eurer Schwester sprecht.

Wenn ihr Gottes Wort sprecht, so braucht das nicht zu bedeuten, daß ihr nur die Sätze und Lehren, die die Offenbarer der Wahrheit in der Vergangenheit gegeben haben, nachsprecht. Es bedeutet vielmehr, täglich in der Gotteserkenntnis auf solche Weise zu sprechen, daß eure Worte und die Sprache, in die ihr eure Gedanken kleidet, den Grad eures Gottesbewußtseins ausdrücken.

Darum möchte ich euch sagen: Wenn ihr jemanden einfach freundlich grüßt und seine Hand freudig drückt und ihn als Familienmitglied anerkennt, dann sprecht ihr Gottes Wort, denn ihr sprecht zu diesem Menschen in geistiger Gemeinschaft.

Aber es gibt tiefere Aspekte vom Sprechen des Wortes Gottes. Jeder von euch sollte versuchen, sie zu verstehen, damit ihr diese Wahrheit inmitten all eurer verschiedenen Aktivitäten anwenden könnt. Denn euer gesprochenes Wort ist wirklich der äußere Ausdruck eures inneren Erkenntnisgrades und eures Seelenzustandes.

Darum müßt ihr lernen, die Wahrheit zu sprechen, mit schöpferischen Worten zu sprechen, mit Worten, die eure Erkenntnis Gottes und des Guten übermitteln. Das ist nicht leicht für euch, weil ihr im Meer des irdischen Lebens eingebettet seid.

Es ist gut, wenn ihr euer Gottesbewußtsein ausdrückt, indem ihr zu einem Kranken sagt: »Gott heilt dich genauso wie alle anderen.« Durch den äußeren Ausdruck eures Gottesbewußtseins und eure Bestätigung des Guten offenbart ihr das Wort Gottes im täglichen Leben.

Es wäre also gut, wenn jeder von euch sich selbst und anderen gegenüber bestätigt: Der große Meister von allen und allem hat auch Heilung für jeden Schmerz und jede Verletzung und eine Lösung für jedes Problem und eine Befriedigung der Bedürfnisse. Diese Lösungen sind vielleicht für den endlichen und begrenzten Sinn nicht offensichtlich. Trotzdem erschafft ihr durch die Bestätigung eures Wissens in eurer Umgebung eine feste Gedanken- und Tongrundlage, worauf wir Geistigen später das Gebäude unserer Kraft und Liebe und unseres Einflusses aufbauen können.

Denn ihr müßt wissen, ihr Lieben, ein Wort ist ein Ton, und der Ton ist schöpferisch. Wenn ihr also aus der inneren Erkenntnis eurer Seele sprecht, so geht dieser Ton in die geistige Atmosphäre. Dieses Symbol sehen wir oft als ein goldenes Licht in der Atmosphäre oder als eine hell leuchtende feste Grundlage, auf der wir aufbauen können.

Darum sagen wir euch: Betet! Betet oft und liebt viel! Wenn ihr oft betet und viel Liebe im Herzen habt, dann entwickelt ihr das geistige Bewußtsein durch Liebe. Dann wird euer Gebet oft eine Bestätigung der Gotteskraft, denn ihr sendet in das Geistige euren Glauben an die Güte Gottes. Dann wird euer Gebet zu einer Bestätigung des Guten. Dadurch sehen wir, was benötigt wird, und wir können einen stärkeren Einfluß unserer Liebe aufbauen. Dann können wir von der ewig sprudelnden Quelle der Macht und des Guten die Erfüllung des Gebetes herbeiführen.

Darum möchten wir euch sagen: Wo ihr auch seid und zu wem ihr auch sprecht und in welcher Situation ihr euch auch befindet, so sei es für euch eine Herausforderung. Akzeptiert nicht die Niederlage, die euch euer irdischer Sinn oder eure Umgebung anbieten. Begegnet der Herausforderung mit der Kraft des geistigen Bewußtseins und mit der Bestätigung eures Wissens, daß Gott diese Bedingungen ändern kann, daß er eine Heilkraft hat, die diese Krankheit heilen kann, daß er einen Vorrat hat, mit dem er diesen Mangel oder diese Armut überwinden kann. Ihr bringt durch eure Bestätigung gewiß viel Gutes mit Hilfe der geistigen Macht in das irdische Leben.

Das Predigen des Gotteswortes bedeutet nicht nur, daß ihr auf einer Anhöhe steht und wunderbare Predigten haltet. Es bedeutet nicht, daß ihr eure alten Bücher öffnet und den Inhalt mit vielen Worten erklärt. Das Gotteswort zu sagen heißt ganz bestimmt, es weise und liebevoll zu sagen, es schöpferisch aus eurem tiefen inneren Wissen heraus zu sagen. Aber wo Gott ist, ist auch das Gute. Wo Liebe ist, ist auch Gottes Geist. Wo Geist ist, sind auch Macht, Heilung und die Offenbarung der Kraft Gottes und seiner Gnade. Solche Worte erklingen in eurer Außenwelt mit derselben Macht, schöpferischen Energie und Schönheit, wie es schon immer mit dieser Macht war, die ihr Gott nennt.

Ihr Lieben, das Wort Gottes, so wie es in Tempeln und Kirchen in vergangenen Jahrtausenden gesagt und gepredigt wurde – welches die Welt verändert hat –, war nicht auf die uralten Formen der Religion beschränkt. Bestätigt nicht das Wort, das von den Lippen des Meisterlehrers gefallen war, die Macht Gottes, die Kraft der Liebe, die erlösende Kraft des Herzens, des Segnens und der Erneuerung? Ihr müßt hinausgehen und mit den Menschen, die ihr trefft, in diesem Geist sprechen, das heißt, liebevoll als Bestätigung eurer Liebe, mit der Kraft eures Wissens: Alles ist gut! Alles ist gut, denn Gott ist tatsächlich in seinem Universum. Er handelt in der Seele der Menschen. Das bedeutet, es existieren Harmonie, Heilung und Frieden in jeder Seele, in der sich das Bewußtsein so entwickelt hat, daß es sich im Hinausströmen von Freude, Heilung und Wahrheit im täglichen Leben manifestiert.

Ihr geht nun eure verschiedenen Wege; einige von euch, die uns sehr lieb sind, begeben sich in ferne Gebiete. So behaltet das Gesagte im Gedächtnis. Baut eine feste Grundlage unter euren Füßen durch eure Bestätigung des Guten. Ihr könnt den Kopf dann in die hohe, klare Atmosphäre geistigen Gebetes und geistigen Bewußtseins erheben. Eure Bestätigung ›alles in Ordnung‹ kann in eurem Sinn die Sicherheit erschaffen, daß alles in Ordnung sein muß, weil ihr dem Geistigen angehört und das Geistige euch angehört.

Ihr tragt auf eurem Haupt die in silbernem Glanze des Wissens schimmernde Krone. Umhüllt euch mit dem Mantel der Kraft, den alle tragen, die in das Bewußtsein ihrer wahren Beziehung zum großen Geber alles Guten gelangt sind. Er wird durch die rosa gefärbten Fäden der Liebe erschaffen und mit den sanften, grünen Fäden des Mitgefühls und der Sympathie gewebt. Hineinverwoben sind die goldenen Fäden der Hoffnung und die blauen Fäden der Energie, und die Ränder sind auch mit der silbernen Stikkerei der Hoffnung gesäumt. Auf dem Mantel strahlten die glitzernden Rubine, die Edelsteine eures persönlichen Opfers; denn das Opfer schließt den Mantel mit einem starken, festen Verschluß. Denkt an das Gewebe aus rosa, blauen und grünen Fäden und denkt auch daran, wie sich der Mantel in den königlichen Purpur der Macht und Heilung verwandelt.

So könnt ihr auf dem breiten Wege der Lebenserfahrungen weitergehen. Ihr seid dann angetan wie die Könige in alten Zeiten mit einem Mantel aus Macht. Ihr tragt die Krone des Wissens auf dem Haupte und an den Füßen die Sandalen der Bestätigung der Macht des Allerhöchsten. Wenn ihr durch die Menschenmenge auf dem Markt geht, wenn ihr zu Hause schwer arbeitet, wenn ihr euch mit den Brüdern und Schwestern an stillen Orten unterhaltet, wenn ihr auf den Hügeln und Bergen in Bewunderung und Anbetung steht – denkt daran, daß ihr so wie ein König oder eine Königin dort steht. Wenn ihr die Hand ausstreckt, so möge es eine Freundschaftshand sein. Eure Hand ist so stark, daß sie heilt, die Gefallenen aufrichtet und die Schwachen stärkt. Denn heute wandeln genau wie in alten Zeiten die Söhne und Töchter des Allerhöchsten auf Erden. Sie regieren nicht immer an den königlichen Höfen und dienen nicht immer an den Beratungstischen über die Belange der Natur. Es sind Menschen wie ihr. Sie tragen die gute Nachricht mit silbernen Worten auf der Zunge in die Öffentlichkeit. Sie können das Wort Gottes mit dem Wissen um die Macht Gottes aussprechen, wo sie auch immer sind.

Mit diesem Wissen und diesen Gedanken möchten wir euch in die Vorhöfe des Allerhöchsten hinaufheben. Schaut nach oben, hebt die Hände und empfangt den Segen von oben. Dabei fließt Liebe in euer Herz, Weisheit und Frieden in den Sinn. Auf euer Wesen senkt sich der Mantel der Macht, und auf eurer Stirn möge die Bestätigung geschrieben stehen: Alles in Ordnung!

Die göttliche Lebenskraft

Liebe Brüder und Schwestern, ich möchte euch den Gedanken bringen, daß ihr in der Tat in der herrlichen und geheimnisvollen Kraft göttlichen Lebens und göttlicher Liebe gebadet seid und daß diese Kraft mit dem Atem in den Körper einströmt und daß sie ein Teil eures ureigenen Geistes ist, ein Teil eurer ureigenen Seele.

Ihr befindet euch in dem großen Lebensäther Gottes. Es ist dieser Lebensäther, der jeden von euch erhält, der den Körper in Harmonie hält. Er gibt dem

Geist, der den Körper benutzt, Nahrung, die in der Tat von den großen Lebenselementen zur Verfügung gestellt wird. Jeder von euch ist wirklich in einem großen Ozean, der aus Gottesleben besteht, und dieses Leben ist ein Teil von euch, und ihr seid ein Teil davon.

Einige von euch haben dies auf eurer Suche nach Wahrheit erkannt. Jedoch macht ihr bei eurer Wahrheitssuche und eurer Suche nach Selbstverwirklichung noch nicht den größten und besten Gebrauch davon – von eurer Einheit mit der großen Lebenskraft, die euch umgibt.

Denn in dieser großen Lebenskraft des Meisterschöpfers, den ihr Gott nennt, ist alle schöpferische Tätigkeit enthalten. In dieser großen Lebenskraft ist alles enthalten, was der Mensch benötigt, während er seine Inkarnation im irdischen Reich durchlebt.

Darum möchte ich euch sagen, daß jeder lernen könnte und sollte, wie er sich auf diese große Lebenskraft und alle ihre Möglichkeiten einstimmen kann.

Bevor ich versuche, dieses eurem Verständnis näherzubringen, möchte ich euch ein Symbol geben, ein Symbol, das eurem irdischen Denkvermögen bekannt ist: Ihr wißt, daß das Sonnenlicht auf alles fällt, was sich innerhalb seiner Strahlen befindet, und durch ihre universelle Natur bringt die Sonnenkraft allem Lebendigen Leben und Energie. Aber der Mensch kann durch die Entwicklung seines Bewußtseins mit einem kleinen Glas in seiner Hand die Sonnenstrahlen einfangen und in eine konzentrierte Form bringen. Indem er die Sonnenstrahlen durch dieses Glas lenkt, kann er all die verstreuten Energiestrahlen mit einem kleinen Zentrum individualisieren, das damit genug Licht und Hitze schafft, ein Feuer zu entfachen, das ihn wärmt, wenn ihm kalt ist, sein Essen zu kochen, wenn er es wünscht; oder es kann in der Tat ein so großes Flammenmeer erschaffen, daß es einen großen Wald und alles, was im Wald lebt, vernichten kann.

Genauso wie er die universellen Lichtstrahlen der Sonne konzentrieren kann, so kann der Mensch in seiner individuellen Entwicklung das, was universell ist, in eine personalisierte Form bringen, indem er es sammelt und konzentriert. In dieser Form kann es dann den irdischen Brüdern und Schwestern große Wohltaten bringen.

Darum möchte ich euch sagen, daß jeder von euch lernen sollte, Zeiten der Gebetsruhe einzuhalten, und daß jeder von euch lernen sollte, mit genügend Verständnis zu atmen, also zu wissen, daß ihr jegliche Eigenschaft, die ihr aus der euch umgebenden Lebensessenz ziehen wollt, einatmen und sie wieder – individualisiert durch euer Bewußtsein – hinaussenden könnt.

Während ihr die konzentrierte Lebenskraft hinausatmet, sollten eure Hand oder euer Gedanke diese Lebenskraft auf die Person übertragen, bei der ihr die Harmonie wieder herstellen und sie dem Leben in Gesundheit wieder zurückgeben wollt.

In dieser großen, universellen Lebenskraft des Meisterschöpfers ist nicht nur Leben enthalten, sondern auch das, was die Lebensessenz selbst ist: die Liebe. Wahrlich ist es die Liebeskraft des Meisterschöpfers, die den inneren Zusammenhalt der Moleküle zu einem Ganzen verursacht und die Verbindung von den Erdkräften ins Dasein ruft. Das Liebeselement befindet sich in dieser universellen Lebenskraft. Wenn ihr nun den Wunsch habt, denen Liebe zu bringen, die kalt geworden und der Liebeskraft beraubt worden sind, denen, die sich den Werken der Dunkelheit und Grausamkeit widmen, denen, die der Liebeskraft des Meisterschöpfers besonders bedürfen – sollte es nicht so sein, daß ihr als Heiler sie dann mit der konzentrierten Liebeskraft des großen Gottes selbst zu umhüllen versucht?

Also, in euren Zeiten des Friedens und der Stille, wenn ihr so sitzt und ein- und ausatmet, dann solltet ihr den Gedanken festhalten, daß im Meisterschöpfer alle Dinge enthalten sind. Wenn ihr dann die Lebenskraft, die in der Luft enthalten ist, einatmet, so entzieht ihr ihr durch Gedankenkraft die Liebesstrahlen und konzentriert sie in Gedanken auf diejenigen, die ihr wärmen, harmonisieren und mit Leben erfüllen wollt. Wenn euer eigenes Leben der Liebe beraubt wurde und ihr euch bewußt werdet, daß die Sanftmut eures Herzens durch die Gleichgültigkeit der Welt ersetzt wird, dann könnt ihr dennoch von der Gotteskraft einatmen, ihr die Liebeskraft entziehen und sie still in eurem eigenen Wesen konzentrieren, damit sie den Herzenskummer oder die Krankheit des Herzens oder die Gemütskrankheit heilen kann.

In dieser großen Lebenskraft des Meisterschöpfers ist auch die Schöpferkraft des ewigen Ganzen enthalten.

Darum sage ich euch, daß in dem großen Ozean des Lebens alle schöpferische Aktivität enthalten ist. Diese Schöpferkraft, die ihr in der Welt der Natur als das Entfalten von Blatt und Knospe seht, ist nur einer kleiner Teil der Schöpferkraft des Ganzen, denn die Schöpferkraft von Gottes mächtigem Geist ist genauso in der Seele und im Herzen des Menschen an der Arbeit. Sie entfaltet ihre Schöpferkraft, wo immer an irgendeiner Stelle das Bewußtsein geöffnet ist, so daß sie eindringen kann. Darum ist es für euch möglich, Leben einzuatmen – es mit Sicherheit und Verständnis dafür einzuatmen. Wenn ihr dann ausatmet, entzieht ihr dieser großen Lebenskraft die schöpferischen Ideen, die ihr benötigt, und ihr öffnet euer Gemüt der strömenden Schöpferkraft, die in dem Lebensäther, der euch umgibt, enthalten ist. Wenn ihr euren Schöpferwunsch hinausatmet, wenn ihr in der Erkenntnis wachst, eure Gedanken mit der Vision zu beflügeln von dem, was ihr erschaffen möchtet, so gelingt es euch. Denn der Mensch wächst an Weisheit. Er kann für sich selbst weise und gut die Bedingungen erschaffen, die er in seinem irdischen Leben wünscht, oder er kann die Bedingungen erschaffen, die er für das Wohlergehen anderer Menschen wünscht, oder er kann auf die gleiche Weise einen Auszug aus der universellen Kraft ziehen, so daß sie individualisiert wird. Er kann einfach Schönheit, Musik, Harmonie und Lieblichkeit erschaffen, um anderen im Erdenreich Freude zu bringen.

Es gibt keinerlei Mangel in dieser großen Lebenskraft. Es gibt nie zuwenig von dieser Lebenskraft. Es gibt keine Verringerung an Aktivität, wenn Gott durch seinen eigenen Willen die Lebensformen in all seinen Welten erschafft. Warum sollte es dann sein, daß der Mensch, der an der göttlichen Natur teilhat, das Gefühl haben sollte, daß er nicht diese Schöpferkraft benutzen sollte und kann? Denkt darüber nach und versucht, in eurem Bewußtsein die Idee festzuhalten, daß ihr, wenn ihr euch von der Sklaverei der irdischen Wünsche löst, wenn ihr vergeistigter in eurer Erkenntnis werdet, als Söhne und Töchter des Allerhöchsten Anspruch auf den Schatz des Geistes habt, der jedem von euch gegeben wird, um ihn in Wahrheit und Frieden zu benutzen.

Ihr denkt: Bedeutet das auch, daß wir aus dem universellen Äther die Tugenden, die wir haben möchten, herausziehen können? Dies ist wirklich so, und man kann sagen, daß das die wirkliche Grundlage des Gebetes ist. Denn wenn Menschen sich bemühen, sich dem Gebet hinzugeben, bringen sie sich dann nicht in Einklang mit dem, was sie wünschen? Sie können aus dem universellen Äther Sanftheit oder Stärke herausziehen; sie können ihm Heilung oder Leben entziehen – und zwar in solch einem Grade, daß sie durch stille Gedanken die zerschmetterten Finger an ihrer Hand wieder aufbauen können oder das Sehen ihrer Augen wieder herstellen können. Es ist nur durch das weise Herausziehen der Liebeskraft aus dem Äther mit Konzentration und Verständnis, daß solche Dinge geschehen.

Harmonie zwischen Körper und Seele

Wir kommen mit Freude aus den Regionen des Geistes, um mit euch, ihr Lieben, etwas von unserem Wissen zu teilen. Wir bemühen uns, Wahrheiten, die für uns im Geiste oft klar, aber für euch schwer verständlich sind, in Worte zu kleiden. Denn im irdischen Körper sind eure Ideen durch den Gedanken bedingt, daß nur der irdische Körper wichtig ist. Wenn euer Geist immer tiefer in das irdische Reich eintaucht, verliert ihr oft das Bewußtsein, daß ihr ein Geistwesen seid. Ihr kommt dann auf den Gedanken, daß ihr nur der Körper seid, daß ihr nur das Kleid seid, und daß nur die materiellen Dinge, die ihr im irdischen Leben findet, existieren.

Aber wenn ihr wißt, daß ihr ein Geistwesen seid, das den irdischen Körper für ein paar kurze Jahre der irdischen Erfahrungen benutzt, dann könnt ihr euch besser mit den ätherischen Kräften des geistigen Reiches verbinden. Dann könnt ihr eurem irdischen Körper Halt geben, ihn anleiten und ihn beherrschen, so daß er auf den Willen des Geistes reagiert.

Aber um dahin zu kommen, daß der Körper auf den Willen des Geistes reagiert, müßt ihr fortgesetzt eure Aufmerksamkeit von den augenblicklichen irdischen Umständen abwenden und sie auf die Dinge des Geistes richten und euren Sinn mit schönen geistigen Ideen füllen und eure Ohren mit harmonischer und schöner Musik erfreuen. Dadurch kann sich euer Geist von geistigen Kräften ernähren, so wie euer irdischer Körper sich von der Nahrung der irdischen Welt erhalten muß.

Darum möchte ich euch sagen, ihr Lieben: Um Harmonie zwischen eurer geistigen und physischen Person zu erlangen und zu erhalten, müßt ihr euch immer gewärtig sein, daß euer geistiger Teil – das Geistwesen – das ist, das die Lebensgesetze aufrecht hält, das die physische Person beherrscht. Um dieses Wissen zu erlangen, ist die beste Methode die, jeden Tag ein wenig Zeit damit zu verbringen, sich in das zurückzuziehen, was ihr ›die Stille‹ nennt. Wenn ihr aus der Stille herauskommt, solltet ihr Freude spüren. Es ist eine Freude, die man in den Ausdruck ›geistiges Glück‹ kleidet.

Die Harmonie und die Gesundheit des irdischen Körpers sind in Wirklichkeit von dem Grad an Frieden und Harmonie abhängig, den ihr in eurem inneren Wesen, in eurer Seele, erlangen und aufrechterhalten könnt.

Aber mir scheint, daß es euch oft nicht möglich ist zu erkennen, daß ihr diesen physischen Körper habt, daß ihr einen Körper habt, der mit Gefühlen erfüllt ist, und daß ihr ein Bewußtsein habt, das ihr euren Sinn oder Intellekt nennt, und daß ihr dieses Geistwesen seid, das alles kontrolliert und beherrscht.

Auf diese Weise entsteht oft eine Spannung zwischen dem einen und dem anderen Körper. Eure Gedanken stimmen nicht mit euren Gefühlen überein, und vielleicht sind eure Gefühle oft in Disharmonie mit euren Gedanken. Ihr fühlt dann vielleicht, daß ihr eine Sache tun solltet oder daß ihr eine andere Sache glaubt, aber euer Sinn oder euer Gedanke sagt: Dieses sind die Dinge, die uns gelehrt worden sind, und darum ist es das, was wir tun müssen. Dadurch entsteht eine Reibung zwischen eurem mentalen Teil und dem emotionalen Teil. Es ist dann ähnlich so, als wenn ihr eure beiden Hände auseinanderzieht, und das ist eine Kräftevergeudung. Wenn aber eure beiden Hände in Harmonie miteinander arbeiten, dann könnt ihr in Frieden handeln. Genauso ist es mit euren mentalen und emotionalen Teilen. Wenn sie in zwei verschiedene Richtungen gezogen werden, gibt es eine Spannung zwischen ihnen, und das ist eine Energievergeudung. Und diese Spannung zwischen den beiden Körpern wird auf den irdischen Körper reflektiert. Denn der emotionale Teil eures Wesens ist mit dem Herzen und euren Gefühlen verbunden. Der mentale Teil eures Wesens ist mit dem Gehirn und dem Kopf verbunden. Wenn Krieg zwischen diesen beiden Teilen ist, entsteht im irdischen Körper Spannung. Es entsteht vielleicht eine Schwäche, entweder in der Herztätigkeit oder im Atmungssystem oder im Sprechorgan, das ihr die Kehle nennt. Denn diese sensitiven Teile des physischen Körpers reagieren auf die Spannungen und Disharmonien der Seele. Es kann sogar sein, daß andere Disharmonien oder Spannungen im physischen Körper auftreten können.

Gewiß ist es so: Während ihr euer Wissen erweitert, fühlt ihr, was ihr wollt und mögt und was man euch sagt, was gut für euch sei, ihr solltet dieses oder jenes tun oder lassen. Wenn ihr dann in eine Situation kommt, in der euch das nicht bekommt, was ihr zum Beispiel essen oder trinken solltet, und jemand euch den Gedanken eingibt, daß das schlecht für euch ist oder ihr solltet dieses nicht tun oder ihr könnt jenes nicht haben, dann entsteht wieder eine Spannung zwischen dem einen Körper und dem anderen. Eine Reibung zwischen dem Verdauungsapparat und dem Gefühlskörper oder dem Gedankenkörper entsteht. Dadurch werden kostbare Energien verschwendet, die ihr aus der euch umgebenden Atmosphäre zieht. Wenn diese Energien vergeudet werden, wird der Körper geschwächt. Man sieht dann die Schwäche entweder im Verdauungs- oder Ausscheidungstrakt oder der Assimiliation. Dann sagt ihr: »Der Körper ist krank.«

Wenn ihr aber in der Erkenntnis lebt, daß ihr eine geistige Person seid, dann fragt ihr euer eigenes Bewußtsein: »Was ist es, was diese Körperkrankheit verursacht hat; warum hat der Körper sich nicht den veränderten Umständen anpassen können?« Und dann seht ihr euch als einen Geist, der den Körper auf seine Art benutzt und kontrolliert.

Weiterhin, ihr Lieben, wenn ich sage, daß ihr Energien aufnehmt, um Harmonie und Kraft der Seele aufrechtzuerhalten, so müßt ihr euch ins Gedächtnis zurückrufen, daß ihr von der Erde selbst Energien abzieht, und daß es euch durchströmende Energien gibt, die als Sternenkräfte eure Welt durchströmen. Es ist vorgesehen, daß ihr, wie das Symbol des Baumes, mit den Füßen fest auf dem Boden steht. So, wie der Baum seine Wurzeln fest in der Erde hat, so sollten die Energien durch euch in die Erde selbst fließen und wieder zurück, hinauf durch euch in die Regionen der Zweige, die das Gehirn und die Intelligenz des Menschen sind.

So müßt ihr außerdem wissen, daß ihr ein Geist seid, der eure verschiedenen Körper beherrscht und benutzt, und daß ihr in Freiheit und Freude leben sollt.

Wenn ihr erleuchtet seid, könnt ihr sagen: »Die irdischen Einflüsse und Krankheiten können vielleicht meinen Körper fällen.« Ihr könnt aber dann auch sagen: »Ich kann durch das Schattental des Todes gehen und habe trotzdem keine Angst, denn ich bin ein Geist, der keinen Tod kennt.« So könnt ihr in Frieden und Harmonie in der Sicherheit eures Wissens durch all die vielen Jahre eurer irdischen Erfahrungen voranschreiten.

So grüße ich euch als Geistwesen und möchte euch mit dem Siegel des Geistes zeichnen und versiegeln und jedem von euch den Schutzmantel der Liebe und des Lebens anlegen. Wenn ihr nun auf die kommende Zeit zuschreitet, möget ihr die kleinen Freudenschuhe tragen und auf allen euren Wegen tanzen.

In Frieden und im Licht verlasse ich euch nun.